ひきたよしあきの
親塾
家庭で育てる国語の力
ひきたよしあき
朝日学生新聞社

絵　どいまき

はじめに

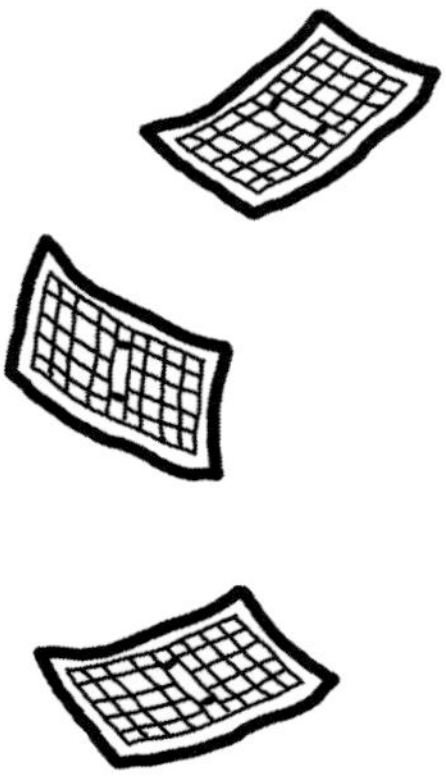

「うちの子の作文、読んでもらえませんか」と差し出された原稿用紙。鉛筆の文字が元気に踊っています。内容には強引な部分もあります。

でも、「会話文」が巧みで、しゃべった人の性格がわかる。夕ぐれ時の風景もよく描けています。

「うまいなぁ」と感心している横で、お母さんが語り始めました。

「うちの子、ほんと作文が苦手で。書いてあることがバラバラで、恥ずかしいんです。夏休みの最後の日まで書かないんですよ。すぐに『何も書けない』と言って投げ出しちゃうんです」

読んでいる原稿とお母さんの話はずいぶん違います。

子どもの作文は、原稿用紙2枚にぴしりと収まり、お母さんが言うほど内容にばらつきはありません。順番を入れ替えるだけで完成度はかなり上がります。

「とてもうまく書けています。お世辞じゃなくて、会話の巧みさは見事です。

人の話を聞いて、忠実に再現する力を持っています」と言うと、お母さんは、手のひらを強く、細かく横に振って、

「とんでもない！　うちの子、学校の先生にも、自信がなさそうであまり発言しないって言われちゃったんです。先生、どうしたら作文力が上がりますか」と声を荒らげます。

いえいえ、お母さん。「自信なさそう」と言うのと、「作文力」とは別ですから。それより何を基準にお子さんの作文を「よくない」と決めつけたのでしょう。どこを読んで、お子さんに「作文が下手」というレッテルを貼ったのでしょうか。

少なくとも私の手の中にある４００字詰め原稿用紙2枚は、これまで読んできた何千という作文の中では明らかに標準を超えています。お母さんは、同じ学年の子どもが書いた作文をどれだけ読まれたのでしょう。子どもの作文の「うまい、下手」を自分の判断基準だけで決めていませんか。

子どもは、おなかにいる時からお母さんの声を聞いています。生まれてきてからも、お母さんの声の強弱、高低、色調、間のとり方をまねして育ち、お母さんやお父さんが使う言葉を覚えていきます。

だから、電話で話す親子の声はそっくり。特に母と娘の声は区別するのが難しいほどです。

それればかりではありません。授業をしていると、授業を受けている子どもと参観している親の態度は実に似ていることがわかります。聞いている時の顔の角度、うなずくようす、集中力がなくなるタイミング。見ているとそっくり。どの子のお母さんがどの人か、間違いなく当てられます。

似ているからこそ、お母さんは、子どものやることなすこと、そして、書くことも欠点だらけに見えるのでしょう。それは仕方ないですね。あなたにそっくりなのですから。

子どもの作文力を、親でも担任でもなく、子どもとは「ナナメの関係」にある私から見ると、評価は全く違います。

広告会社で35年もコピーやスピーチを書き、企業や大学で「言葉の講座」を手がけてきた私の目を通すと、お母さんの指摘する子どもの欠点は取るに足らないことだらけ。

一行一行、子どもが「どのような道筋をたどって考えてきたか」を見ていくと、大胆な仮説があり、思いもつかない飛躍もある。濃縮した感情、メモしたくなる表現で埋め尽くされています。

お母さん自身に、子どもに勝る文章力があるのでしょうか。もう一度、お子さんの書いた作文を丁寧に読んでみてください。

保護者とのこんなやりとりを5年近く繰り返してきました。そのうちに、親向けの講座を開きたいと考えるようになりました。同じ頃、「朝日小学生新聞」で、私の連載コラム「大勢の中のあなたへ」を編集している平松利津子さんが、「子どもより親の教育が急務」と考えていました。

二人は意気投合し、2017年11月、親の学びの場「親塾」が生まれたのです。「親」という立場を離れて、学生時代に戻った気分で自身の学びの場を持つ。「読む」「書く」「考える」「表現する」について、かたくさびついた筋肉に新しい血を送りこむように学び直す。それによって子どもに接する目を鍛えていく。

この試みに多くの方が賛同してくださいました。教室はいつも満席。20人限定のせいもありますが、すぐに満席になる状況が続きました。

この本は、「親塾」で教えた内容を軸に、親が子どもの実力を客観評価する力を養えるようになることを目的に書きました。

子どもが読んでも十分役に立つ内容で構成されています。ぜひ、お子さんと一緒に読み進んでください。

構成は大きく五つに分かれています。

◇第1章は、「学びの姿勢を変える」です。

学ぶためには、環境と心構えを整えることが大切です。子どもは、親や先生の接し方や声のかけ方ひとつで、大人の何倍も悩んだり、へこんだりしてしまいます。

ここでは、学習をとりまく環境がどんなに変化しても、変わることのない親子のあり方、父親と母親の役割、学ぶ環境の作り方を通して、学びの姿勢を変えることを目指します。

◇第２章は、「読む力をつける」です。

読書離れが進んでいるのは事実です。楽しいことがいっぱいある環境の中で、我慢を強いる読書に興味が向かないのは仕方のないことでしょう。

しかし、社会では、メール、企画書、契約書、取扱説明書など、膨大な文字を読みこむ機会が飛躍的に増加しています。

教育の現場も、すぐには解答の出ない問題を議論したり、自分の意見をまとめたりする学習が増えています。

思いつきや感情論ではなく、客観的な論を述べていくには幅広い読書が必要不可欠。私たちが育った頃よりも「読む力」が問われる時代を子どもたちは生きていくのです。

読書をする機会が激減している今、読解力をつけるにはどうしたらいいのか。その方向を探っていきます。

◇第３章は、「書く力を伸ばす」です。

私の親塾では、親のみなさんに作文を書いてもらいます。駅から家までの道順や、朝食の風景描写など課題はいろいろあります。書けない方が何人もいます。

一行も書けないのです。「思いはあるんですが、文章にならないんです」としょげかえっています。

大人でもこの状況です。自分の考えを文章にするには、頭の中でふわふわ浮いている思いを適切な「言葉」へ変換する「文章脳」を作る必要があります。

ここでは、「文章脳」を作るための心構えとテクニックなどを伝授していきます。

◇第４章は、「考えることを考える」です。

「考える」ことなど人間ならだれでもできると思っていませんか。

実はそれは大間違いです。考えているように見えて、「嫌だなぁ」とか、「こんなことを書いて誰かに笑われないかしら」と、心によぎる不安を反芻しているだけのことが多いのです。

また、過去の記憶に引っ張られ、「あの頃は良かった」と昔を懐かしんだり、「これからどうなるのだろう」と未来を案じたりしている。不安や心配、懐古や悔恨は「考える」とは全く別物です。

「考える」ためには、具体的にどのように脳を働かせていくことなのか。それを解明し、考える力をつけていきましょう。

◇**第5章は、「表現で自信を養う」です。**

いくら考えが立派でも、それを魅力的に、人の心に響かせる技術がなければ伝わりません。最近は、人前で自分の意見を発表し、多くの人の共感や賛同を得るプレゼンテーション力が重要になっています。子どもたちからは「人前でどうすれば上手に話せるようになりますか」という手紙がたくさん届きます。

しかし、残念なことに、小学校の中高学年になると、「自我」が目覚め、人前で話すことが怖くなってしまいます。

この難しい時期をどうやって乗り越えていくか。一緒に考えていきましょう。

親は子どもを授かった時に「親」になるのではありません。子どもと一緒に学び、何度も失敗を繰り返す中で、ゆっくりと親になっていくのです。

この本は、あなたが「親になる」指南書です。親と子が対峙するのではなく、同じ未来を見つめて、一緒に歩んでいくための本です。

子どもの成長に合わせて何度も読み返してください。各章の終わりには書きこむページもあります。あなたのアイデアもどんどん書きこんで、この本もまた成長させてください。

それでは、早速始めましょう。

進みながら、強くなれ！

ひきたよしあきの親塾　目次

第2章 読む力をつける

第3章 書く力を伸ばす

第1章

学びの姿勢を変える

1

不機嫌は、暴力

高校時代、「インケン」というあだ名の先生がいました。漢字で書けば「陰険」。意地悪なだけでなく、人の心を暗くする一言を言うのです。問題が解けないと、わざとため息をついて、「こんな問題も解けないのか……」と低い声でつぶやきます。

この一言で「ぼくは化学が苦手だ」という気持ちが湧いてきました。教科書を開くのも嫌になる。おかげさまで、今でも化学式を見ると劣等感に苛まれます。

嫌いな先生の教科は嫌い。

これは私だけでなく、だれにでもあてはまることのようです。

逆に言えば、好きな先生の教科は好きになる。話したくて、ほめられたくて、もっと一緒にいたくて、どんどん学びが深くなる。特に小学生の頃は、この傾向が強いのではないでしょうか。

残念なことに、担任の先生を勝手に替えることはできません。その先生がどんなに素晴らしい先生でも、人には相性があります。

子どもとソリの合わないこともよくあります。子どもが学校で幸せに暮らしているとは限りません。だからこそ、親は努めて上機嫌で子どもに接してほしいのです。

できないことより、できたことを見てあげる。他の子との比較ではなく、昨日できなかったことが今日できるようになった子どもの成長を積極的にほめる人でいてほしいのです。

そうは言うものの、親も人の子。いろいろな事情がありますよね。会社の仕事はハードだし、人間関係もややこしい。家事もあれば、親の面倒も見なければならない。ママ友のつきあいも大変。自分の時間なんて日に1分もない状況で、「上機嫌でいろ」という私の方が非常識なのかもしれません。

しかし、子どもは、親の会社の状況や人間関係を何も知りません。ただひたすら一緒にいられる時間を待っています。

そのお母さんが不機嫌だとどうなるか。子どもは、母親の機嫌をとろうとし始めます。一緒にいる時間を少しでも楽しくしたい。そのために母親に気を使うようになってしまうのです。

母親に気を使いながら勉強しているとどうなるでしょう。

お母さんにほめられたい一心で、勉強するようになります。少しでもいい点をとって、お母さんににっこりしてもらいたい。それが勉強の目的になってしまうのです。

勉強とは、知らないことを知ること。できないことができるようになることです。その過程で、「何だろう?」「どうしてだろう」と疑問がどんどんわいてくる。「こんなことをやりたい」「あんな人になりたい」と未来に胸を膨らませるようになる。

ところが、そんな気持ちで学ぶのではなく、「ママの機嫌をとりたい」という気持ちで勉強をし始めると、母親の勧めた志望校を目指すような自発性のない子になってしまうのです。

見た目には順風満帆に見えますが、中学、高校へと進み、やがて母親の魔法が切れた時に、「私は何のために勉強しているのだろう」と悩みます。それが進むと、「私は何のために生きているのだろう」となってしまうのです。

こうした子どもの不安や焦燥を、私は幾度となく聞いてきました。

6年生まで「朝日小学生新聞」の読者で、母親にぴったり寄り添っていた子が、中学校に入った途端に反抗期を迎え、一気に「ママ嫌い」になったのです。

いろいろ事情はあるにせよ、不機嫌は、暴力です。

学びが好きな子どもに育てるためには、母親の顔色ではなく、わからないことがわかる楽しさや、知らないことを知る驚き、見ること聞くことに「なぜだろう」と、好奇心の目を向けることに力を注ぎたいものです。口角を上げる努力をしてくださいね。

●機嫌を変える儀式を持つ

では、上機嫌を保つにはどうすればいいのでしょう。

私は、手を洗いにいきます。気分を変えたい時、眠い時には必ず手を洗います。その時に、冷たい水で、不平、不満、やりきれない気持ちや先行きへの不安などが、指の先から穢れが落ちていくようにイメージしています。

「邪気を落とす」と言うと宗教的ですが、体の中の不満分子が外に出ていくことを想像すると、手を洗う行為だけでも気持ちはかなり持ち直します。

手洗いでなくても結構です。気分がむしゃくしゃしたら、「はい、ここまで！」という気持ちをこめて、柏手をパンと打つ。これで気分は変わります。

自分の心を整える儀式を持ちましょう。これは仕事にも人間関係の維持にも役に立ちます。

さらに効果的な方法があります。体を動かすことです。

人間の脳は少々鈍感にできていて、体を元気に動かすと、「私は今、快活なんだ！」と錯覚を起こします。

子どもの頃、「変身もの」が好きだった私は、「ウルトラマン」や「仮面ライダー」の変身のまねをしょっちゅうやっていました。あの程度のポーズをとるだけで、気分は変わるものです。

手をぶらぶらと振ってみる。両手を大きく上げる。屈伸をしてみる。何でもいいです。気分を変えたい時には、意識的に体を動かしてください。

私の経験では、「ラジオ体操」はかなり有効です。ビデオに映像を保存しておいて、時間を見つけて体操してみる。これだけで「不機嫌」な自分から解放されるはずです。

●上機嫌でいること

上機嫌でいることを親の基本スタンスにしましょう。子どもにとっての理想は、自分にいつも笑顔を向けてくれ、自分の話に熱心に耳を傾けてくれる親なのですから。

残念ながら、学校の先生はこうはいきません。「インケン」もいれば、「エコヒイキ」もいます。それで嫌いな教科ができたり、やる気をなくしたりしている場合が多いのです。

こういう場合は、私は塾に行くことをお勧めしています。塾は、補習や受験指導ばかりでなく、子どもと「ナナメの関係」を作る場でもあるからです。

「ナナメの関係」とは、親や先生とは違い、直接的な利害のない関係のことです。「ナナメ上」に大人がいてくれると、子どもは弱音や本音を吐きやすくなります。ソリの合わない先生のおかげで、嫌いになってしまった勉強をやり直すきっかけを作ってくれます。

学びは、メンタルなものです。勉強のできない子は、勉強している間も「怒られたらどうしよう」「失敗してみんなに笑われたら嫌だな」と不安で頭がいっぱいです。

こんな気持ちを変えるには、家庭が「上機嫌な空気にあふれていること」です。難しく考えず、ピリピリした自分を引っこめて、少しのんびり屋になりましょう。

あなたが深呼吸して口角を上げれば、上機嫌の空気が流れはじめます。

25　不機嫌は、暴力

2

その行動を、ほめる

朝日小学生新聞に連載している「大勢の中のあなたへ」は、今年で3クール目に入っています。

子どもだけでなく大人にも評価をいただき、LINE NEWS「朝日こども新聞」では、時に3万アクセスを超えることもあります。

書籍は、多くの学校図書室や各地域の図書館にも収められ、ロングセラーになりました。

このコラムを書くにあたり、私はいくつかの決まりごとを作りました。


一つは、手紙形式にすることでした。

新聞という不特定多数の人に向かって発信するメディアであっても、新聞を手にして読んでいるのは一人。その子どもが、「これって、私のことを書いているのかもしれない」と思うには、「あなた」と呼びかける「私信」の形をとるべきだと考えました。

私の大好きな太宰治の短編小説『トカトントン』や『風の便り』は、手紙文体です。これを読んでいる時、まるで私に向けられた手紙なのかと錯覚した経験がありました。

それを子ども向けのコラムで実現できないかと考え、現代版『あしながおじさん』を目指しました。


もう一つが、勇気づけることです。

オーストリアの精神科医で心理学者だったアルフレッド・アドラーをはじめ多くの心理学やコーチングの本を読んで「効果的な勇気づけ方」を学びました。それをこの550字のコラムに応用したのです。


まず、相手の悩みや弱みを「自分事として受け入れる」ことから始まります。今の状況をほめるのです。

多くのコラムは、私自身の子ども時代を思い出して、「わかるよ、ぼくも君と同じように、夜ふかしをやめることができなかったんだ」と書き進めていきます。

自分の過去を振り返ると、悲しくなるくらいの怖がりで、ぐずで、すぐにくよくよする子どもでした。子どもの頃の自分を起点にして書けば、偉そうなことは書けません。「ぼくも同じだったよ」という書き出しになります。

次は、「前向きに捉え直す」ことです。

「でもさ、それだけ夜ふかしができるということは、集中力があるってことだと思う。実はぼくがこうして文章を書いて暮らしているのも、夜ということも忘れて集中する力があるからなんだ」と。

「夜ふかし」の中にある「だらしなさ」や「やめられない心の弱さ」などをいったん横に置いて、子どもの「今の状況」を承認し、前向きに捉え直してあげます。

そして、次が最も大切なところ。「行動を促す」ことです。

「夜ふかし」をやめるために、どう考え、何をしたらいいかを書きます。

「でもね。その集中力を、夜ふかしで使うのはもったいない。あなたはそこで集中しちゃった分、昼間は眠くてしょうがない。お母さんにも叱られる。『わかっているのにいちいちうるさいなあ』とイライラする。結局、不愉快な時間が長くなるだけだ。まず、今日一日、小言が飛んでくる前に、布団をかぶって寝てみよう。ぐっすり眠れるはずだよ。そして、明日は元気いっぱいだ」と、具体的に「今晩、試しに早く寝てごらん」と行動を促します。

最後は、「激励する」こと。

「もとより集中力のあるあなたです。それをゲームやテレビにばかり使っているのはもったいない。ぼくも早く寝るようにしてから、ちょっとした隙間の時間に本が書けるようになりました。お互いに、せっかくの集中力を大切にしていきたいね」という具合に、行動の結果、素晴らしい未来がくることを想像させ、激励します。

「自分事として受け入れる」→「前向きに捉え直す」→「行動を促す」→「激励する」。この四つのステップを柱に、コラム「大勢の中のあなたへ」は書かれています。

子どもたちをほめる。甘やかすのではなく、真剣に具体的にほめる。この技術を駆使しなければ、「大勢の中のあなたへ」は、とうの昔に飽きられていたのではないでしょうか。

●その行動を、ほめる

子どもを甘やかすのは簡単ですが、ほめるには技術を必要とします。そのほめ方の簡単な方法を一つご紹介しましょう。

「今、目の前の行動だけを、すぐほめる」ということです。

サッカー日本女子代表チーム「なでしこジャパン」の佐々木則夫前監督は、練習で選手がボールを蹴った瞬間に、「今の蹴り方、いいね！」と短い激励をしたそうです。

「おまえ、よく練習しているもんな」とか、「この調子ならレギュラー入りも夢じゃないぞ」などと、話が過去や未来に及ぶ激励は一切なし。今、この瞬間をほめます。

すると、選手は、「え？ これがよい蹴り方なんだ。監督、よく見てくれているな」と、前向きな気持ちになって、もっといい蹴り方を研究するようになるそうです。

私はこれを、自分の教室にも応用しています。

支離滅裂な作文でも、何とか長所を見つける。消え入りそうな声の発表でも、その子らしい一言を探し出す。その一点だけを、「なぜいいのか」「どこに感銘したのか」を解説しながらほめていきます。

「忙しいのによく書いてきたね」とか、「これなら合格間違いなしだ」なんて、過去や太鼓判を押すことはしないよう心がけています。

こういう思考に私がなったのは、過去にこんな経験があるからです。

私が小学生の頃のことです。父と野球を見ていました。ある選手が、鮮やかなファインプレーを決めたのです。その時、野球解説者が、「K選手は、親孝行ですからプレーにも出るんでしょう」と言いました。

すると、父が急に怒り出し、「ファインプレーと親孝行は何ら関係がない。親孝行は親孝行として、ファインプレーはファインプレーとしてほめるべきだ」と私に言ったのです。

「守っていた場所がよかったからファインプレーになった。動作が速かったからファインプレーになった。そういうところを言わないのは解説ではない」と教えてくれました。

この父との会話がずっと頭に残り、私は今、目の前にあるものだけで判断しようという癖がついたのだと思っています。

父のほめ方と原則が私のコラムの中に生きています。

●ほめることは、長所を見つけること

こういう話をすると、保護者の方から「ひきたさん、私はほめる教育には否定的です」という意見をもらうことがあります。

その人は、「ほめてばかりいると、子どもが勘違いする」と言うのです。

もちろん、考え方はいろいろです。そういう方針で教育されているご家庭を否定する気はありません。

しかし、この保護者が言っているのは、「ほめる」ことではなく、「甘やかす」ことではないでしょうか。

もっと言えば、私がお勧めしたいのは、「ほめる」のではなく「長所を見つける」ことなのです。

自分の子どもが書いた文章の長所を見つけるのは、非常に難しいことです。親は本能的に子どもの欠点が目に入ります。それを指摘し、修正することで、子どもは危機から免れることができるからです。

一度、その本能に逆らって、長所を見つけるために、子どもの作文を読み返してください。

季節の感じ方が新鮮だったり、友だちの心のひだを丁寧に読もうとしていたりしているところなどが見えてくるはずです。行間が飛んでいるように見えるけれど、実は子どもは深く考えている。その深さや広さに驚くはずです。

ほめる技術を身につけましょう。

それは教育の面のみならず、あなた自身が向上するための大切なスキルになります。今、ここを、ほめましょう。

35　その行動を、ほめる

父はおおらかに、母は細やかに

イギリスの人類学者、ロビン・ダンバーによると、男性は赤、青、緑という三原色で世界を見ているのに対し、女性は、四つの基本色で見ているそうです。

（『友達の数は何人？ ダンバー数とつながりの進化心理学』ロビン・ダンバー著）。

女性の方が微妙な色調まで見ることができる。これは赤ちゃんの顔色を見て、健康状態を把握する必要があったからだと言われています。

一方、男性は、草原の遠くにいる敵をいち早く発見するための目になっています。素早く、はっきりと、敵と味方を見分ける。これによって家族を守ってきたのです。

私は子どもの頃、母に「おなかが痛い」としょっちゅう言っていました。

特に激しく痛いわけではありませんでしたが、私は痛いことを我慢するのが苦手で、すぐに、「のどが痛い」「頭が痛い」と言う子どもでした。

その日もいつものように「おなかが痛い」と言いました。

ところが、その日に限って母の顔色が変わり、「もしかしたら盲腸じゃない？」と言うのです。

すぐにタクシーを呼んで、大きな病院に私を連れていきました。検査の結果、やはり盲腸でした。母に尋ねると、「顔色がいつもと違った」と言っていました。

男女は平等であり、性で差別されない社会を実現したいと、そう私も思っています。

しかし、男女は生物として違う特性を有しているのも事実です。この男女双方の特性をうまく子どもの学びに生かしていきたいものです。

ある小学校の先生が、「昔の親は、お母さんが激しく子どもを叱ると、お父さんが『それくらいにしてやれ』と止めていました。その逆もありました。でも、最近は、両親が役割分担することなく、まるでビジネス感覚で子どもを叱るケースによく出くわします。威厳と慈愛、厳しさと優しさ、そういうものが常にあって、お母さんとお父さんが時々、この役割を入れ替わるのが理想なんでしょうけどね」と言っていました。

実際にそういう場面に遭遇したことがないので、どれくらいの割合でこうした叱責をする両親がいるのかわかりません。

もし、これが本当だとしたら、家庭の中で、同じ方向から2倍の力で責められる子どもはかわいそうだなと思います。

お母さんとお父さんの立ち位置を考えながら子どもに向かいあってください。

●お父さんは何をすべきか

この本を書くにあたって、私は「お母さん」という言葉をよく使います。本来なら、「お母さんとお父さん」「親のみなさん」「保護者の方」のような書き方をすべきなのかもしれません。

しかし、私が教えているセミナーや塾で、接している多くはお母さんです。私は正式な学校の先生ではなく、あくまでナナメの存在なので、よく知っている「お母さん」を中心に書いています。もちろん、お父さんにも読んでいただきたいと願っています。

学びにおけるお父さんの役割。こう書いて、古いエッセーを思い出しました。遠藤展子さんが書かれた「父・藤沢周平の口癖」(「こころに響いた、あのひと言」)の中に、父の口癖として「普通が一番」という一言が書いてありました。

娘の遠藤展子さんによれば、「父の言う『普通』というのは、家族が仲良く、健康で生活すること」だそうです。

これを読んだ時、そう言えば私の父が言っていたことを思い出しました。

それは、「一つひとつやっていきなさい」という言葉です。

小学生の頃の私は、夏休みに入るとすぐに宿題を片づけて、後は思いっきり遊びたいと考えていました。

だから、夏休みに入るとすぐに絵を描き、読書感想文を書き、計算問題をやっていたのです。絵も感想文も雑でした。

父がそれを見て、「一つひとつやっていきなさい」と私をたしなめたのでした。それからも、あちこちやり散らかす私を見て、父はこの言葉を言いました。藤沢周平さんが娘に「普通が一番」という言葉を与えたように、私の父は「一つひとつやっていく」という生き方を私に教えてくれたのではないでしょうか。

三原色の世界でしかモノを見られない父親。日々の子どもの顔色を見るのは母にかなわないけれど、「普通が一番」と、家庭の大きな枠組みを決め、「一つひとつやっていきなさい」と子どもの行動指針を作ることは、きっと得意なはずです。家庭の芯となる言葉、子どもの背骨になる言葉を作り、愚直に繰り返す。これは父の役割です。父はおおらかに、母は細やかに、子どもを見つめてください。

そのお父さんが、子どもにやってはいけないことがあります。

それは、自分の時代の尺度を押しつけること。その尺度で語ることです。

受験期を迎えた子どもに対し、ついつい嬉しくなって、自分が受験生の頃の話をする。こういうお父さんが多いそうです。

この行為を否定するわけではないですが、ここ数年の進学校の浮き沈みは非常に激しく、お父さんが「名門校」と思っている中学に勢いがなくなり、新興の学校が年々実績を積んでいるケースはいくらでもあります。

また、出題される問題の形式も昔とは大きく変わってきています。

これは、2013年、麻布中学の入試問題です。当時、マスコミでも話題になりました。

99年後に誕生する予定のネコ型ロボット「ドラえもん」です。この「ドラえもん」がすぐれた技術で作られていても、生物として認められることはありません。それはなぜですか。理由を答えなさい。（麻布中学校入試問題 理科〈一部省略〉）

さて、お父さん、この手の問題がお父さんの子ども時代に出題されたでしょうか。

私もこの問題を初めて見た時は驚きました。子どもに質問されて、答えに窮しました。

すると、ある男の子が、「これは、ドラえもんじゃなくて、ロボットの定義をどうするかってことだよね」と言い、もう一人が「生殖能力がないとかね」と返してきたのです。

今の子どもたちは、こういう問題を日々解いているのです。

私の時代の受験は、年号や記号の暗記。一つに決まった解答に向けてひたすら正解を求めていくのが主流でした。

しかし、今は違います。麻布中の入試問題のような、答えが一つではない問題について、多くの人を論理的に説得させる解答を求める機会が圧倒的に増えているのです。

今、子どもたちが習っている勉強とお父さんの時代のものは違います。その認識をしっかりと持って、お父さんも子どもと一緒に学んでほしいのです。

●父は、行動で教えてくれた

朝、父に「学校で天体の勉強をしている」と話した日、夜、帰ってきた父が、

「星を見よう」と私を誘いました。

当時、私たちは兵庫県西宮市に住んでいました。都会の住宅街の空には、星らしきものはわずかにしか見えません。

しかし、父は、北斗七星の位置を指さし、「北斗七星は、柄杓《ひしゃく》（斗）の形をしているから『斗』という字が入っているんだ」と教えてくれました。

暑い夏の日曜日、兄が持っていた顕微鏡を持ち出して、葉っぱの裏側を一緒に見ました。葉の表側を削ってセットすると、細胞のようなものが見えました。それは「葉緑体」というもの。顕微鏡のガラスを押さえる薄いものは「プレパラート」という名前だと教えてくれました。

源平の合戦で、源義経が駆け下りたとされる「須磨一の谷」に行くと、「実際に降りてみよう」と言って、坂道を二人で下りはじめました。私は怖くて仕方がありませんでしたが、先を行く、父の白いシャツが今でも目に焼きついています。

毎日遅く帰ってきて、普段はほとんど会話のない父。休みの日もほとんど会うことがないのに、不思議と私が学校で勉強しているところを知っていました。

小学校はおろか、高校に入学してからも、父は『阿Q正伝』（魯迅）、『山月記』（中島敦）など、学校で習う作品を語ってくれました。

学校よりも父の話の方が、ずっとおもしろかったと記憶しています。何のことはない。父もまた、こっそりと勉強していたのです。

もちろん、牧歌的な昭和時代と今では、お父さんをとりまく環境も全く違うでしょう。「おまえこそ、昔話を出してきて語るなよ！」とお叱りを受けるかもしれません。

しかし、それでも父親が子どもの学びに参加するヒントがあるように思うのです。

大枠の言葉を作る。自分の尺度で語らず、子どもの「今」を知る。行動で教える。参考にしてもらえたら嬉しいです。

こくご

4
攻めの掃除で、成績を上げる

小説家・坂口安吾の仕事部屋の写真を見た時は衝撃でした。布団は敷きっぱなし、灰皿はたばこの吸い殻だらけ、蚊取り線香の灰もそのまま。本と書きかけの原稿用紙が散乱している真ん中に、らんらんと目を光らせた坂口安吾があぐらをかいて座っています。

文学青年だった私は、すっかりこの写真に魅了されました。「作家を目指す者、部屋の汚いことなどに気を使ってはいけないのだ」と激しく思いこんだのです。今から思えば、大学浪人したのはこの写真のせいかもしれません。整理整頓のできない部屋で、勉強ができるようになるわけがないのです。

大学を卒業後、広告会社に入り、デザイナーと仕事をするようになりました。美術大学を卒業した人たちです。

坂口安吾と同じように、油絵の具や石膏にまみれてきたんだなと思ったら、全くそうではありませんでした。机の上に余計なものは何一つありません。小さなスケッチブックと使い慣れたシャープペンシルが1本。何かを使い終わると、すぐにまたあった場所に戻します。

作品の管理やファイルも完璧です。少しでもコピーが曲がっていると「気持ちが悪い」と言ってとり直します。

そのデザイナーの大先輩が私にこう教えてくれました。

「机の上がゴタゴタしていれば、心も頭もゴタゴタしている。半径5メートルにいる人との人間関係がゴタゴタしていれば、おまえの人間関係全部が整理されずにゴタゴタしていることになる」

「だからものを考えるには、まず身辺を整理整頓しなさい。必要なもの以外、何もない環境にしてからアイデアを練りなさい」

先輩の教えはシンプルでした。

机の上の状態や勉強部屋を見れば、その子の成績がわかる。これは多くの先生が指摘するところです。

ペンケースにペンがゴチャゴチャ入っている人、かばんの中がめちゃくちゃな人。大人であれば、パソコンやスマートフォンの画面の整理、いらないメールの削除ができていない人……。あぁ、頭が痛い！　私もその一人です。

●整理と整頓

私たちは日頃、「整理整頓」とひとまとめに言っています。

しかし、「整理」と「整頓」は、別物なのです。これを理解しておくと片づけがうまくなります。

「整理」の「理」は、「王」と「里」で構成されています。「里」は、「田」と「土」に分かれます。

「王」は、もともと「璞《あらまた》」という言葉でした。璞とは磨いていない玉のことです。

「里」は区画された土地を表すことから、筋目の意味も持ちます。

つまり、玉を筋目にそって美しく磨くことが「理」の意味なのです。

玉を磨くためには、汚れや不要なものを取り除く必要があります。「捨てる」という行動が、整理のためには大切なのです。いらないものを捨てる。その判断力が要求されます。「これ、もったいないな。とっておこうかな」と少しでも甘い気持ちが出ると、玉を磨くことはできません。

部屋が乱れた状態の時にまずやることは、捨てること。不要なものと決別する断捨離で、甘っちょろい気持ちが消えていくのです。

「整頓」の「頓」は、「頓挫」とか、「頓馬」とか、あまりいい意味がありません。元々は、頭を地面につける意味だと言われています。「ずしんと重く頭を地につける」ところから力を一箇所に集めるという意味が出てきました（『漢字源』）。

「整頓」とは、いらなくなったものが整理された後、必要なものを集中させること。簡単に言えば、使いやすいように並べることです。

●整理で、捨てる。整頓で、並べる

よく考えてみると、心を整えるのも全く同じ順番ですね。ゲームに未練があったり、好きな異性のことをずっと考えていたり、「このままで大丈夫だろうか」とぼんやり悩んでも仕方ないことをいつまでも抱えていたのでは、勉強に集中できるはずがありません。

心の断捨離をするには、4秒で鼻から息を吸い、8秒で口をストローに見立てて細く息を吐く程度の簡単な瞑想をするのもいいでしょう。

先に書いたような、「機嫌を変える儀式」で体を動かすのも効果的です。

自分の性格にあった方法で、心を整理してください。

それができたら、整頓です。

勉強に必要なものに集中すること。この時のコツは、「何をやるかではなく、何をやらないかを決めること」。

勉強でも仕事でも、始めるとあれもこれも気になってくるものです。一時期流行した「マルチタスク」（複数のことを同時にやること）は、非効率だと最近は言われるようになりました。

地面にずしんと頭をつけるように、やるべきことだけに集中する。そのためには、「やらないこと」を決めるのが近道なのです。

●セルフ・ハンディキャッピング

しかし、掃除をすればいいというものではありません。あなたも経験ありませんか？　試験前、勉強しなくてはいけないのに、なぜか掃除をやっている。「あぁ、なんで今、掃除をしているんだろう」と思いつつ、しないとイライラして勉強ができない。普段よりも熱心に掃除をしている自分がいます。

これは「逃げの掃除」。心理学用語では「セルフ・ハンディキャッピング」と言います。明日の試験ができなかった時に、「あんな時間に掃除をしちゃったからなぁ」と言い訳をするための掃除。成績が悪い時の逃げ道を掃除で作っているのです。

こうならないためにも、学びの前に掃除をする習慣をつけたいもの。いえ、掃除から学びが始まると親のあなたも考えてほしいのです。

考えてみれば、私の学生時代は「セルフ・ハンディキャッピング」だらけでした。英語を勉強しなければならないのに、「こんな勉強よりも、人生にはもっと大切なことがある！」と考えて、『罪と罰』（ドストエフスキー著）を数ページ読んで、いっぱしの文学青年をきどっていました。

逃げ場を作らないためにも、初めに掃除をしてしまうことが大切です。

いまだに「セルフ・ハンディキャッピング」を私はよく作っています。この本を書く際も何度も逃げ場を作りました。だから、この章は自戒をこめて書いています。

5

サザエさんに学ぶ勉強術

私が受験勉強をしていた時代、「四当五落」という言葉がありました。睡眠時間4時間で勉強すれば合格するが、5時間も寝ていたのでは落第するというものです。

4時間睡眠では、頭がちっとも働かない私は、眠そうな顔をしながら予備校の友人を見て、「こいつはきっと4時間睡眠でがんばってるんだろうなぁ。やばいなぁ」と思っていました。

しかし、これは全く根拠のない話です。今の科学では、4時間睡眠が3、4日続けば徹夜と同じくらいの疲労が蓄積し、認知能力が著しく低下すると言われています。

小学生の頃には、こんなことも言われました。

「ゆきちゃんは、昨日3時間も勉強してたんだって。よしあきは、3時間も机に向かったことないでしょ」

近所の同級生の勉強ぶりを聞いた母の言葉でした。

確かに私は、3時間はおろか、30分も机の前にじっとしていられない子どもでした。

しかし、今はこの考え方も否定されています。

さまざまな論がありますが、人間の脳が集中できるのは、7、8分が限度。テレビアニメの「サザエさん」1話分がちょうど人間が集中できる時間といわれます。すぐに集中できるわけではありません。調子が乗ってくるまでに10分はかかります。やり始めてから10分後に、何となくやる気が出てきて、7、8分やったら、もう飽きてくる。

先に書いた勉強前の掃除ですが、10分くらいがちょうどいい時間です。それ以上やるとダレてきたり、逆に掃除に没頭したりしてしまいます。

長く机に座っていられるのは勉強好きなえらい子。4時間睡眠で、勉強と格闘する子が合格する。こんな昭和の「スポ根」(スポーツ根性物語)みたいな神話は捨ててください。

●知的興奮の魔法にかける

私のところによく持ちかけられる相談の一つに、「うちの子は、ちっともじっとしていられない。全く勉強しない」というものがあります。

多分、私の両親も私を見て同じように思っていたに違いありません。

小学3、4年の頃から、「世界名作文学」や「日本の歴史」といったシリーズ本を読破する兄に比べ、私は『シートン動物記』を放り投げ、『ファーブル昆虫記』の絵を見て読む気をなくしていました。

どれもこれも父親が選んだ本でした。「これを読みなさい」と言われても、全く興味のない動物の話。ファーブルに至っては、大嫌いな昆虫の話です。

その後、子ども版の『吾輩は猫である』を父が買ってきてくれたのですが、犬好きな私は「猫」というだけで興味がわきませんでした。

後年、夏目漱石が大好きになり、生原稿のコピーを買って小説の分析をする私ですが、子ども時代は、猫の表紙を見ただけで憂鬱になっていました。

ピアノも習いました。先生が怖くて行くのをやめました。

習字を習いました。正座が嫌ですぐにやめました。

そろばんも習いました。一緒に習い始めた二人が、7級になったのに、私は試験で落ちました。いじけてやめました。

何一つ続かず、じっとしているのも苦手で、成績もぱっとしない少年でした。

そんな私が変わったのは、4年生から通いはじめた私塾「藤原教室」からです。

藤原先生は、灘中・高から京都大学に進んだ秀才。それなのに遊んで暮らしています。奥さんが学校の先生をしているのに、藤原先生は5、6人の子どもを集めて教える程度。子どもながらに不思議でした。

特に何を教えるでもないし、強制もしない。それでも品評会で優勝するような犬を育て、伝書鳩を飼い、水彩画も描けて、ピアノが上手な先生は、どんなことを聞いても必ずおもしろい話で返してくれました。

犬を飼い始めたばかりの私は、犬の散歩の仕方や病気の時の対処法を習いました。英語の手ほどきも受けました。

「勉強ではなく、知的な興奮の魔法にかける」

先生の教育方針はこれに尽きました。

今から思えば、藤原先生が生まれて初めてのメンター（人生の指導者）でした。『君たちはどう生きるか』（吉野源三郎・著）でいえば、コペル君の「おじさん」のような存在でした。

私は先生に、学校の勉強とは全く質感の違う「知的な興奮」を味わわせてもらいました。

「私も藤原先生のようになりたい」……そんな思いがあって、広告会社に勤務しながら、子どもや大学生に教えています。

受験校に合格させる「ティーチング」が得意な先生ならいくらでもいます。

しかし、知的な興奮を与えつつ、「どう生きるのか」という問題を問うてくれる「コーチング」の先生はそういません。

●記述問題が増えれば、メンターは増える

藤原先生のようなメンターに子どもが巡り会えるか。私は、未来に少しだけ希望を見いだしています。

新学習指導要領による学びが始まると、読むこと、書くことが今まで以上に重要視され、試験も記述式の問題が増えます。

これまでのように一つの解答を速く、正確に解けるだけでは学力を評価されません。考える過程や人を納得させる筋道を立てること、人を感動させる表現力などを求める機会がぐんと増えます。

先に示した麻布中学の「ドラえもんの問題」に対して、科学的に、哲学的に説明できる大人たちがもっと必要になってきます。

かつて受験勉強では、「選択肢問題は、一番長い文章と短い文章に正解はな

い！」といった「受験テクニック」を駆使する先生が大いにもてはやされましたが、それはもう過去のこと。

関西エリアでは、大手の塾が「みんなで天才を目指す」と称して、寺子屋形式で考える力をつける教育を始めています。

子どもたちが、コペル君の「おじさん」にあたる人に出会えるか否かが、その後の人生に大きく影響する時代になってきているのではないでしょうか。

column

コラム

毎日が戦い

Kちゃんは、6年生でした。卒業が間近に迫っていました。けれども、いつも保健室にいます。教室で、みんなと勉強をすることができないのです。

Kちゃんにとって、それは「戦い」だと言います。私への手紙にそう書かれていました。自分の状況を冷静に分析している、小学生とは思えないほどレベルの高い文面でした。

私がその学校を訪れて、底冷えする講堂で講義をした時、Kちゃんも聞いてくれていました。

あいさつの効用、友だちとは何か、私の病気の体験から「平気で生きること」、いじめの経験などについて話しました。

子どもたちは体育館の床に座っています。私はしゃべりながら、「お尻が冷たくないのかなぁ」なんて考えていました。

しかし、みんなは緑色の画板にはさんだ紙に私の話をメモしています。シャッシャッシャッと鉛筆の音が聞こえるほど熱心に書きこんでいました。

その中にKちゃんがいました。

講義の後、校長室で歓談していると、保健の先生が飛びこんできて、「お会いしたいという児童がいます。会っていただけませんか」と言うのです。

先生の後ろに、はにかみながら立っていたのがKちゃんでした。

帰る時、先生方は玄関まで送ってくれました。そこにKちゃんの姿もありました。早春の陽光に包まれている、Kちゃんの肩のあたりから、光が放たれているように見えました。

その後、Kちゃんから手紙がきました。保健室から出て、そのまま音楽の授業に出たそうです。

見事に起承転結でまとめられた内容でした。短編小説のような話の流れの中に、「これは私の戦いです」という言葉がありました。

さて、私はどう返事を書こうか、迷いました。戦う彼女の横から「世の中は、戦いじゃないよ」と上から目線で言うのもどうかと思いました。時には空を見上げて、心を広げることも忘れないでほしい。そんな気持ちをまとめました。

その後、手紙は途絶えました。

中学生になったKちゃんは、私を忘れてしまったのかもしれません。それならそれでいい。常に相手が気持ちのいい距離でいるのが、私のような「ナナメの関係」の務めです。

手紙が届いたのは、猛暑の続いた7月でした。一本一本の線を几帳面に引くKちゃんの文字。封を切ると、便箋に3枚ほどの言葉が書かれていました。

彼女の「戦い」は、中学生になっても続いていました。案の定、私の書いた「そんなに戦わなくてもいい」といった文面に答えを窮していたようです。

しかし、彼女はずっと考えていたのでしょう。自分はなぜ戦うのか。戦うとはどういう意味なのか。これから、どう生きていくべきか。最後の便箋にはその答えがありました。墨文字の縦書きでした。

そこには「全力で生きる」と大書されていました。

早春の陽光の中にいたKちゃんは今、人生の真夏に向けてしっかりと歩みはじめている。そんな光にあふれた1行でした。

この小学校から卒業の際に、私に祝辞を贈ってほしいと依頼されました。私が二つ返事で書いたのは、Kちゃんの他にもきっといる「戦う子どもたち」に向けてエールを送りたかったからです。
その祝辞をここに記します。

卒業の辞

H小学校6年生のみなさん。
ご卒業おめでとうございます。
この話を聞くにあたり、少しやってもらいたいことがあります。

今より少し、胸を張ってください。
そして、あごをわずかにあげてください。

いいですか。
それでは始めます。

今日まであなたたちは、学校に、先生に、保護者の方に、友だちに、地域の方々に育まれてきました。

育むとは、羽でくるむこと。
大きくて、あたたかな羽にくるまれて、あなたは今日この日を迎えることができました。

楽しかったよね。つらい日もあったけれど、
だれかが必ずあなたを守ってくれました。

6年という時間の中で、あなたは育まれ、
あなた自身の羽を成長させてきました。

弱々しかった羽が大きくなって、今や、この学校を飛び立つほどに力強く育ったのです。

今、あなたは羽ばたきます。

羽ばたくとは、羽でたたくこと。

くるまれていた羽をたたきつけ、
あなたは大きな青い空に飛び立つのです。

これからの毎日は、決して楽なことばかりじゃない。

涙を流す日の方が多いでしょう。
そんな時は、今日のこのポーズをとってみよう。
胸を張る。
あごをあげて、空を見る。

その姿勢こそが、あなたが高く、強く、自由に羽ばたくスタートライン
なのです。

失敗しても、胸を張れ、あごをあげろ。
さみしくても、胸を張れ、大空を見ろ。
あなたの未来には無限の青空が広がっています。

苦しくなっても、へいき、へいき。
私にお手紙をください。必ず返事を書くからね。

ご卒業、おめでとう。

ひきたよしあき

第2章

読む力をつける

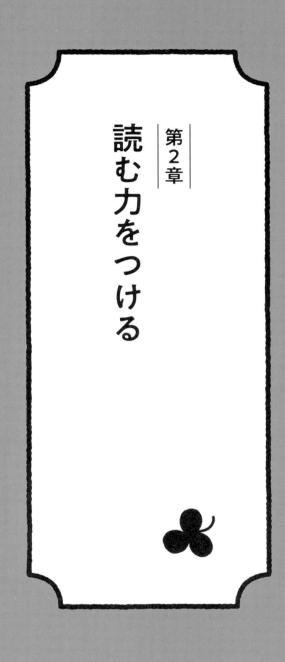

1

マンガから始める
マンガで終わらない

2018年、19万人にも及ぶ学生が志願した近畿大学。志願者数は5年連続でトップです。「マグロ大学」として知名度を上げ、アイドルコンサート並みの入学式や、「KINDAI GIRLS（近大ガールズ）」などのパフォーマンスをくりひろげてきました。これが人気の秘密なのだろうと分析する人が大半です。

しかし、それは近畿大学の一面しか捉えていません。この大学は、派手なPRの裏で、ひたひたと若者を「知」で魅了する施策を講じているのです。

17年に突如として姿を現した「アカデミックシアター」。中にある図書館「ビブリオシアター」には約7万冊の蔵書があります。ここを監修したのが、編集工学研究所所長の松岡正剛氏。独自の編集工学に基づき、本を並べ替えて「近大インデックス」を作りました。

中に入って、驚いたのは「マンガ」の数です。巨大なマンガ喫茶かと思うほど、マンガ本であふれている。しかし、そこに新しい知の姿があるのです。

例えば、宗教のコーナーを眺めていて、手塚治虫の「ブッダ」を手にとる。熱中して読んでしまうと、もう少し「ブッダ」を知りたくなる。すると、今度は読みやすい新書や入門書が目につく。意外なほど簡単に読める。そこで自信がついて、さらに「仏教」全体について知りたくなる。マンガを皮切りに、徐々に知の好奇心がわいてくる仕組みになっています。

他大学に比べて、圧倒的に学生がたむろしています。だらりと寝そべることのできるソファはいつもいっぱい。みんな好き勝手に本を読んでいます。彼らを眺めていると、マンガ本ばかり読んでいるわけではないことに気づきます。難しい本も手にしている。近畿大学の人気の秘密は、このマンガ本の配置を含め、これまでの常識を打ち破ろうという大学の姿勢にあります。既成概念を壊そうとする姿勢に若者が共感したのでしょう。

「うちの子は、マンガばかり読んでいる」と嘆くお母さんはたくさんいます。確かにマンガだけを読んでいたのでは、人物や風景を活字から想像する力、言葉の背後にある心情を読む術が身につかないとも言われます。

しかし、それをも凌駕するストーリー展開、時代の心情を映す力、人の心をわしづかみする共感力がマンガにはあります。

私自身、ドストエフスキーの『罪と罰』を初めて読んだのは、手塚治虫が描いたマンガ版でした。

もし、これを読んでいなければ、小難しい長編を読もうなんて気力がわくことはなかったでしょう。手塚治虫のマンガで物語の流れを知っていたからこそ、活字でも最後まで読めたと思っています。

その後、『カラマーゾフの兄弟』や『悪霊』といった作品を読んでいきましたが、その際も、手塚治虫のマンガ体験が大きく役立ちました。

「キャラクターのついた百人一首や古典の本で勉強してもかまいませんか」という質問も、保護者からよく受けます。

大いに結構です。

まずは、好奇心を刺激することが大切です。そこから一首でも百人一首を覚えたとしたら、大成功。本はそういうものなのです。

しかし、忘れてはいけないことがあります。

近畿大学の「ビブリオシアター」の体系です。

マンガは、マンガで止まることなく、入門書や写真集、専門書やインターネットへとつながっているのです。マンガの次に、入門書、新書、専門書と読み進むことが大切です。

マンガから始める。ただし、マンガだけで終わらない。これを心得てください。

読む力をつける第一歩は、マンガでも図鑑でもかまいません。読みたくなる本を選ぶこと。

そして、ここからが大切です。

マンガで学んだことを深める本をさらに読み、好奇心を太い幹に育てていく。SNS（ソーシャル・ネットワーキング・サービス）や動画サイトで手軽に学ぶことのできる時代ですが、「本」という多少不便なものと格闘しながら知識を身につけていく勉強法は今後も続きます。

いつも読みかけの本がある。保護者のあなたも、常に3冊程度、読みかけの本があるくらいの生活をしていると、毎日が豊かになりますよ。

2 国語力は『ごんぎつね』と『蜘蛛の糸』でつける

「本が好き」で、よく読んでいる。でも、国語の成績が上がらない子どもがいます。

どんな本を読んでいるのかと言えば、新しい作品ばかり。話はおもしろいけれど、広告マンの私には、子どもが喜んで買ってくれることを優先したターゲット・マーケティングに徹した本が多いように感じられます。

本が子どもの能力に負担をかけないように、難しさを低めにコントロールしている。子どもにおもねった作品を書いている。

もちろん、心に深く訴えてくる新しい作品もあります。それがわかっている上で、あえて古典を読んでほしいのです。古典と言っても『枕草子』や『源氏物語』ではなく、明治期以降の近代文学です。一つ取り上げれば、児童雑誌「赤い鳥」に掲載された文学です。

●国語教育に決定打を与えた「赤い鳥」運動

19世紀末から20世紀の初め、欧米で教育を見直す運動が起きました。日本でも「大正デモクラシー」の時期にこの影響が出始め、詰めこみ教育をやめて、子どもの興味や関心に応えていく「児童・生徒ファースト」の教育に転換し始めたのです。これが「大正自由教育」です。

この時にブームを巻き起こすのが、1918（大正7）年に創刊された童話と童謡の児童雑誌「赤い鳥」です。

編集者の鈴木三重吉の考えは、西條八十、有島武郎、島崎藤村、泉鏡花など、一流作家の賛同を得ます。芥川龍之介の『蜘蛛の糸』も、「赤い鳥」に初めて掲載されました。

今なお人気のある『ごんぎつね』（新美南吉・著）も鈴木三重吉に見いだされた作品。この物語は日本で最も広く、長く、教科書に掲載されています。子どもたちに「つづり方」を教えたこの雑誌は、進歩的な家庭に育つ小学生に支持されて、創刊号から1万部も売れたそうです。

この「赤い鳥」運動が、現在もまだ国語教育の中に残っています。

他国の教育に比べ、「その時、自分はどんな感情に駆られたか」「相手はどう思ったか」など、行間を読み、人の気持ちを読み解く授業が多く、試験にもよく出題されます。

現状の国語力をアップさせるためには、「赤い鳥」から生まれた作品を熟読すること。実際、私はこの方法で多くの受験生をサポートしてきました。

●『ごんぎつね』と『蜘蛛の糸』を熟読する

中でも重要な作品は、4年生で学ぶ『ごんぎつね』と、6年生で習う『蜘蛛の糸』です。ぜひ熟読してください。多少文章が古めかしく感じられるかもしれませんが、この二つの物語を一語一語味わうことができるようになれば、小説を読む力はぐんとつきます。

『ごんぎつね』は、キツネなのでしゃべることができません。「思う」ばかりです。ごんを撃つ兵十も無口で、ほとんどしゃべりません。

物語は、ごんの「思い」を中心に描かれています。病の母のためにウナギをとっていた兵十にいたずらを仕掛けたごん。その母が亡くなったと聞いて、心情に変化が現れます。その変化の度合いが一行一行に表現されています。

いたずらをつぐなうため、初めのうちは、盗んだイワシを裏口から家の中に放りこんでいたごん。それが火縄銃で撃たれる直前になると、裏口から家の中に入り、土間に栗を並べて置いていきます。栗やイワシを置く場所を見ていくだけで、ごんぎつねの心の変化が読めるのです。

その兵十に撃たれ、ごんは死んだように思えます。しかし、もう一度読み返してみると、冒頭に、

「これは、わたしが小さいときに、村の茂平というおじいさんから聞いたお話です」

という一文があります。

ごんぎつねの肉体は滅んだけれど、この村の伝説としてごんぎつねは生きている。そんな文学的な解釈を学ぶことができるのです。

これだけ一行一行を練りこんでいる作品は、そうはありません。

だから、現在書かれている多くの物語のように、物語の展開に乗って、サーッと読み進むことができません。それが「読解力」を養うのです。

私の文学講座では、必ず『ごんぎつね』をテーマにします。本の読み方を教えることにこれだけ効果の出る素材はないからです。親に『ごんぎつね』について語ると、「本の読み方が変わった」と感想が語られます。

「読む」ではなく、「読みこむ」ことの楽しさを知ってもらえる本です。それを子どもにも教えてほしいのです。

●『蜘蛛の糸』で抽象概念に親しむ

芥川龍之介の『蜘蛛の糸』を読んだ後、あなたはどんな感想を持ったでしょうか。

多くの人は、「もうクモは殺さない！」「クモを助けたくらいのことで極楽に行けるのか！」と感じたのではないでしょうか。

良い本は、読了後に人の行動を変えます。『蜘蛛の糸』は、読む前と後で考えをがらりと変えてしまう力を持った小説です。子どもの頃にこれを読んだ後、空を見上げると、お釈迦さまの大きな目がじっとこちらを見ているような気がしたものです。

ハスの香りの漂う極楽と、三途の川と針の山が見える赤い地獄。まるで映画のように映像が頭に浮かびます。さらには、生と死、罪と慈悲、極楽と地獄、釈迦と罪人など、抽象的な概念について考えたり、話し合うきっかけをたくさん与えてくれたりします。子どもが初めて、道徳観、宗教観、宇宙観を味わうのに最高の作品です。

●「死」を好んで問うていた東大入試問題

『東大入試　至高の国語「第二問」』（竹内康浩・著）によれば、1999年まで続いていた東大二次試験の第二問記述式問題では、好んで「死」をテーマに扱う傾向にあったそうです。暗記力や受験テクニックでは、到底解決できないような思考のプロセスを200字にまとめる問題に多くの受験生が挑みました。

2020年の教育改革で目指しているのは、まさにこういう問題です。抽象的で哲学的な問いに対して、自分の思考プロセスをまとめることができるか。まるで東大の「第二問」のような記述式問題を復活させようとしているようです。「生死」などの哲学的な思考のために、小学生に『蜘蛛の糸』や『ごんぎつね』を読ませるのは極めて有効です。決して古くさくはありません。AI（人工知能）に負けない思考法を作る良書だと私は考えています。

ごんぎつね
AI

3

「なぜ」を口ぐせに本を読む

本が好きな子どもでも、読解力が身についていない子がいます。

「うちの子は、本はよく読んでいるのですが、国語の成績が悪くて」とお母さんが嘆くので、その子が読んでいる本を尋ねると、大抵はストーリーのおもしろい話です。

今どきの本の多くは、綿密にマーケティングされています。ゲームの要素や「いじめ」の問題など、子どもの関心のある分野を分析し、苦労しなくても子どもが読めるレベルを設定しています。

子どもたちは、遊園地のジェットコースターにでも乗るように、物語の世界に飛びこんでいく。この読書は、受動的で、疑問を感じたり、不思議に思ったりするところがありません。それはゲームと何ら変わらないエンターテインメントなのです。

本来、読書は、不便で、わからないところばかりで、つまらない箇所もたくさんあって、考えさせられるものです。読解力の源は、読書で味わう「疑問」や「不思議」や「難解さ」なのです。

そこで、読書の質を変える簡単で、確実な方法を教えます。

●「なぜ」を口ぐせに本を読むこと

それも1度や2度ではなく、「なぜ?」を4度、5度と問うていきます。

「ごんぎつね」で実践してみましょう。

問い　なぜ、ごんぎつねは、兵十に撃たれたのか。
答え　だまって兵十の家の土間に入ったから。
問い　なぜ、兵十の家の土間に入ったのか。
答え　栗をこっそり置きに行こうとしたから。
問い　なぜ、栗をこっそり置きに行こうとしたのか。
答え　自分のいたずらで兵十のお母さんを死なせてしまった罪滅ぼしのため。
問い　なぜ、お母さんを死なせた罪滅ぼしをしたのか。
答え　ひとりぼっちになった兵十がかわいそうに思えたから。

問い　なぜ、ひとりぼっちになった兵十をかわいそうに思ったのか。

答え　ごんもひとりぼっちで、さみしいから。

というように、だんだんと作品の核心に迫ることができます。

この「なぜ」の問いを重ねることを、親が率先して子どもにぶつけることをお勧めします。

「ねぇ、なんでごんぎつねって、撃たれちゃったの？」

「人の家に勝手に入っちゃったからだよ」

「なんで人の家に勝手に入っちゃったの？」

と、「なぜ？」「～だから」という会話の量を家庭の中で増やしていく。

読書だけでなく、叱る時も、「なぜ、そういうことをしたの？」と問いかけていく。子どもがその理由を説明しようとする時、国語力は育ちはじめるのです。

「なぜ」という問いかけは、将来にわたって役に立ちます。

大学に入ると、「本を批判的に読みなさい」と指導されるはずです。「批判的に」とは、世間の評価や定説をうのみにすることなく、納得いくまで、自分の頭で考えながら読むこと。つまり、当たり前に思えるようなことでも、「なぜ」の問いかけを繰り返すことなのです。

私の教える明治大学で学生のリポートを採点していると、「なぜ」の問いを繰り返しながら講義を聞き、読書をしてきた学生と、漫然と勉強してきた学生とでは驚くほどの差が出ます。

大学生になってからこれを挽回するのは至難の業でしょう。ぜひ、小学生のうちから「なぜ」と問う読書をするように勧めてください。

4 3冊の中から1冊選ぶ

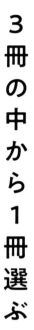

「うちの子は、興味のある本しか読みません。私が与えた本は見向きもしないんです」

これもよく相談される悩みです。

しかも、年々深刻になっています。

今、全国の本屋さんの数が激減しています。２０１８年5月現在、店舗数は1万２０２６店舗。10年前の３割減です。

図書館も予算や司書などが減り、サービスの低下が否めません。子どもたちの環境から「紙の本」が急速になくなっているのです。

「どうせ電子書籍に変わるのだからいいじゃないか」と言うのは、子どもの頃、ふんだんに紙の本に触ってから電子書籍に移行した、大人の身勝手な解釈です。

おもしろそうな本を直感的に選び、本を比較して選べる本屋さんは、時代がどんなに変わっても、子どもの「読書」を育むのに最適な場所に違いはありません。

先に書いた近畿大学の「ビブリオシアター」が、多くの学生を集めているのも、本に触れる喜びを与えているからでしょう。

子どもたちが本に触れる機会を増やさないと、自分が好きな分野以外、一切本に触れられなくなってしまいます。

●図書館に行ったら3冊選びなさい

小学校3年生の時でした。新任の入谷房子先生に連れられて、図書室に行った時、先生が本棚を指さして、こう言いました。

「ここに『偉人伝』が並んでいます。『偉人』とは偉い人のことです。でも、本当にみんな、偉いのかな。中には大きな戦争を起こした人もいます。偉いかどうかは、読んだ人が決めればいいのよ」

こんなことを言う先生は初めてでした。

「つまらなければ、途中でやめてもかまいません。でも、つまらなかった理由を日記に書いてね」と言いました。

私はちっとも偉いと思えなかったベーブ・ルースの本を途中でやめた理由を書きました。

その時、自分が何とも偉くなったような気がしました。同時に、いつもだと選んだ1冊を最後まで読まなくてはいけないプレッシャーを感じていたのに、それがありません。自分で選んで、つまらなければ、そこでやめてもいい。入谷先生のおかげで、本と私の垣根が低くなりました。

また、先生はこうも言いました。

「図書室は、立ち読みしても怒られない本屋さんだよ。どんどん立ち読みしなさい」と。

さらに、「いつも3冊選びなさい。その時、必ず1冊は自分の興味のないこと、知らないことの書いてある本を選んでみましょう。読まなくてもいいから」と言うのです。

この年、私がいた3年4組は、図書室の利用率がダントツで高くなりました。

私も、全く興味のなかった「ツタンカーメンの謎」や「シルクロード」についての本を借り、最後まで読んだのをよく覚えています。

入谷先生の読書指導が、アメリカの教育を勉強したものだったと知ったのは、大人になってからです。

アメリカでは、本を選ぶところから読書が始まります。自立心を育むアメリカの教育では、学校から課題図書を与えることよりも、自分で本を選ぶことに重きを置くのです。

入谷先生はこれを学び、3冊の中から1冊を選んで読んだり、興味のないものを借りたり、途中でやめる勇気とその理由を述べる習慣づけをしてくれました。

私が後年、クイズ作家やコピーライターとして活動できたのも、この時に教えてもらった雑学的読書法のおかげだと思っています。

●親が読書好きでなければ、子どもは読まない

大人になって、本が好きな人に話を聞いてみると、「家に本があったから」と答える人が数多くいます。

家族が読書好きで、いつも触れるところに本があった。母がよく本を読む人だった。そんな風に答える人が実に多いのです。

子どもの心は真っ白です。親や周囲に本を読む人が多ければ、その環境に準じて成長します。

本を読む姿を見せる。本の話をする。眺められるところに本棚を作る。本屋に行く。図書館に行く。そうした環境を整えながら、本を与えるのではなく、本を選ぶ喜びを味わわせる。本を途中でやめる勇気と責任を与える。

読書は、親が全力で子どもに伝える大切な習慣だと私は確信しています。

5

情緒国語から論理国語へ

最後に新しい学習指導要領が求める国語能力に触れて、この章を終わりにします。

特徴的なのは、高校の国語です。

あなたが英語を習った時、「長文読解」「英文法」「英作文」と習う分野が細かく分かれていたのを思い出してください。国語もそれに似たように変わります。

必修科目が、実生活に役立つ国語力を学ぶ「現代国語」と、万葉集に始まる日本の言葉の文化について学ぶ「言語文化」の二つです。

問題は、選択科目です。

さまざまな文章を読んで、創造的に思考して自分の考えをまとめ、論理的に表現する「論理国語」と、小説、随筆、詩歌、脚本などを読む「文学国語」、さらには、文章で他の人に考えを伝える能力を養う「国語表現」に「古典探求」です。

目玉は、何といっても「論理国語」でしょう。

先に書いてきた通り、日本の国語教育は、「赤い鳥」の影響がとても強く、今に残っています。

それが、日本人に通底する心の機微や、人の心のひだを行間から読み取る力になってきたのは間違いありません。

しかし、同時に、この「赤い鳥」運動が、世界の国語教育とかけ離れたものにしてしまったのも事実です。

情緒的で、ロマンチックで、人の心の機微に触れてくる「赤い鳥」文学。この影響があまりに大きすぎる結果、試験には「その時の○○の気持ちで正しいのはどれですか。三つの中から答えなさい」といった問題が入試には多く出題されます。行間に流れる心情を読み、相手の心をおもんばかるものが「高尚な国語」とどこかで思いこんできたのではないでしょうか。


しかし、これからの国語は違います。石川一郎氏は、『２０２０年からの教師問題』の中で、「日本が取り入れるべき海外の教育モデル」を取り上げています。

一つは、アメリカの「クリティカルシンキング」です。自分の頭で考えて、答えを出すことを要求されるアメリカでは、「もし、あなただったらどうするか」という問いが重要になります。

北欧フィンランドでは、創造力を重要視して、「今までにない〜をしなさい」という問いに対する答えを求めます。

哲学教育の伝統のあるフランスでは、人生に対する自分の答えを出すことが大切にされます。

石川一郎氏のこの指摘は大変興味深く、いずれもこれまでの日本の教育に欠けているもので首肯するばかりでした。

こうした海外の国語教育も今後は、日本の国語に大きな影響を与えることになるでしょう。

また、インターネットの影響もさらに拡大するでしょう。

最近の大学生は「本を読まない」と言われています。しかし、私の教える明治大学の学生は、想像以上にさまざまなものを読んでいます。

彼らは「紙の本」に限らず、ネットに流れるテキスト情報を吸い上げています。新聞ニュースや政治コラム、私たちの世代では絶対読めない「解説書」「設定マニュアル」「同意書」各種メールも実によく読んでいます。

私がとあるSNSを乗っ取られた際に、すぐにマニュアルを読み、善後策を送ってきてくれたのは明治大学の教え子でした。今の社会を生きていく実践的な読みものを読解する力は、大人の私などには到底わからない能力として備えているのです。

これからの時代の「読解力」は、こうしたネットに流れてくる言葉、まだまだミスの多い翻訳ソフトの読解、多種多様なメディアにあふれる言葉を読み解くことが必要不可欠になります。

そこには、フェイク（偽物）やデマ（虚偽）もある。偏向的な立場の意見や危うい勧誘もある。芥川龍之介や新美南吉の美しい文章を鑑賞するのとは全く違った「読解力」が求められるのです。

こうした環境下で戦っていくには、これまで以上に語彙や批判精神を身につけなければなりません。「いい文章」を読むだけでなく、「悪い文章」を排除する力を身につけなければ生きづらくなる時代です。

今後、学校現場の教育がどのように変わっていっても、親であるあなたは、子どもがこうした清濁併せのむ言葉の海を泳ぐ人になることを忘れないでください。

すべての教科の、否、人生の土台になるものが、国語力、中でも「読解力」であることを胸に、子どもに接してあげてください。

column

コラム

今日の反省

その手紙は、大きめの茶封筒で届きました。

焦って送ってきたのか、名前が書いてありませんでした。中には原稿用紙で2枚。タイトルは「今日の反省」で、「今日」のところに「12月14日」と日付が書かれていました。

手紙は、事件のあった日の夜に書かれたようです。「今日、先生に報告したいことがあります」という書き出しで、以降は七つの箇条書きで構成されています。

箇条書きの①は、「友だちのものをぬすんでしまったこと」と書いてありました。②では、その友だちから「返して」と彼女は言われています。③は、それをずっと隠していて、どうすればいいのか悩んでいた彼女の心境に及びます。

私はここで、原稿用紙から目を上げました。ドキドキしてきたのです。内容もさることながら、少女はどんな気持ちでこの原稿用紙に文字を書いていったのだ

ろう。文字の乱れもなく、消しゴムで消したあともありません。たぶん、清書した原稿なのでしょう。何度か下書きをした結果、彼女は自分と事件との距離を最大限にとった箇条書きのスタイルで文章を紡いだのです。見事な客観描写です。それゆえに彼女の心の痛みがひりひりと伝わってきました。

その後、彼女は学校のカウンセラーに相談にいきます。⑤に進むと、友だちに謝る決心を固めています。⑥で、先生に報告。⑦で、お母さんに報告していきます。時系列を追うと、勇気を出した女の子が、真っ正直に乗り越えていこうとする姿が伺えます。読み進むうちに、胸が熱くなりました。

原稿は2枚目に入ります。

今度は、行動した結果についての心境が書かれていました。これも箇条書きです。

① うそは必ずバレるということ。

② 友だちはもうきっと信用してくれない。だから、今まで以上にがんばるということ。

③　もう一度やりたくなったら、このことを思い出してがまんすること。

そして、最後の一文でやっと箇条書きのスタイルが消え、「私はこれからどうすればいいでしょうか？　ひきた先生の考えは前向きですよね。お返事を待ってます」で終わりました。

私は彼女への返事として、朝日小学生新聞の連載コラム「大勢の中のあなたへ2」にこんな答えを掲載しました。一部抜粋します。

お答えします。人のものをぬすむことはよくないこと。しかし、悔い改めたあなたは、苦い経験を通じて一生の財産を得たと思います。まず、悪いことをしたら包みかくさず告白する「正直」と「勇気」です。逃げなかったあなたはこの二つを手にしました。さらに、一度友だちの信頼を失うと、取りもどすのに何倍も苦労するという「信頼の重さ」をあなたは体験しました。すばらしいじゃないですか。

机の前に「正直、勇気、信頼」と貼りだしてください。これが苦い経験を通して生まれ変わったあなたです。三つの言葉をつぶやけば、もうあなたは道を誤ることはありません。お手紙、ありがとう。また、文通しようね。

彼女との文通は、今でも続いています。いつもアイデア満載の手紙です。

先日は、健康のために私に料理を勧めてきました。自分の得意料理がいくつも書かれていました。「いくつもの困難を乗り越えた先生なら、きっと料理もうまくなります」と励ましてくれている。封筒の中には手紙の他に、私を勇気づけるためのシールまで入っていました。

彼女の大好きなハムスターが描かれたお手製のシールです。これを貼って、がんばれ！というそのシールには、箇条書きの手紙同様の丁寧な文字で、「正直」「勇気」「信頼」の文字が描かれていました。

私はこのシールを手帳に貼って、毎日眺めています。

第3章

書く力を伸ばす

1 千里の道も、一行から

小学生に教える他に、大学、企業や行政機関でも文章の書き方を教えています。ある程度、社会経験を積んだ大人なら、それなりの文章は書けるだろう。いえいえ、そんなことはありません。文章が苦手な人は実に多いのです。

講義は大抵90分。書く時間は確かに限られますが、書けない人は、一行も書けないのです。いや、どうやら文章力は、「一行も書けないか」「スラスラ書けるか」に大別されるようです。書けない人は、まさに白旗状態なのです。

文章を書く上で、「一行目の大切さ」を教えてくれたのは、やはり父でした。

小学5年生の時です。読書感想文を書くのが面倒だった私は、「帯」や「あとがき」の文章を盗んで適当に原稿用紙を埋めていました。

ある時、夏休みの間あまりに勉強しない私を見かねて、父は「宿題はやっているのか」と聞いてきました。私が「読書感想文を書き終えた」と言うと、「見せてみろ」と言うのです。

まずいことになりました。本が大好きな父ならば、私が「あとがき」を写しているだけだとすぐにわかります。しぶしぶ見せると、父は察したらしく、「本を持ってきなさい」と言いました。重い口調でしたが、怒りませんでした。

父は、「千本松原」（岸武雄・著）をパラパラとめくって、「一日貸してくれ」と言いました。

翌朝、白いワイシャツ姿の父が、私を呼び、原稿用紙を持ってこさせました。

父は、鉛筆で、「与吉には、力がある」と一行目に書きました。

そして、私は、「この後を、書いていきなさい」という重い宿題を課されたのです。

その夜、父はこの本を読んだのでしょう。読むだけでなく、どういう書き出しにすれば、文章が前へ前へと書き進んでいけるかを考えたに違いありません。

ここまで手助けをしてもらったのに私は、それ以降も遊び呆けていました。海に行き、プールに行き、花火をして夏休みを過ごしていたのです。

しかし、不思議なものです。遊びながらも、どこかで「なぜ『力』の話から書き出すのだろう」「力持ちの与吉はその後、どうなるんだっけ」などと考えていたのでしょう。

ある夕方、自転車でお使いに行く途中で、私は「書ける！」と思いました。「全部、書ける。最後まで書ける！」と、文章の神さまが降りてきた瞬間でした。

私はその夜に全部書き直しました。この一瞬の「書ける！」とひらめく瞬間をまた味わいたくて、私は文章を書くようになったのです。それが今の仕事につながりました。

文章の一行目には、これくらいの力があります。

だから、書けない人がいて当然です。逆に、一行目さえ書いてしまえば、後はそれを補足する文章を書いていけばいいのです。

文章は、一行、また一行、前に進んでいくものなのですから。

文章がとてつもなく苦手な人は、まずこの一行目を書くことに専念しましょう。

父のような珠玉の一行が出ることは、私だって滅多にありません。父が私に教えてくれたのは、白い原稿用紙に一行書けば、自ずと文章が書けるようになるものだということです。何も書かずに、うんうんうなっているのではなく、とにかく一行目、文章にしてみる。

戦後、「マスコミの三羽ガラス」と言われた扇谷正造氏は、「とにかく大変だった」と書いてみることを勧めています。こう書けば「何が大変か」「どう大変か」二行目、三行目と書き進んでいけるからです。

文章が苦手な子でも、「一行目の壁」を乗り越えると、意外なほど簡単にものを書くことが好きになります。

「親塾」で推奨するのは、父が私に書いてくれた一行を、保護者の方が考えること。

子どもが読書感想文を書くのが遅い、下手だと嘆く前に、まずはあなたが本を読み、感想をまとめて、子どもがスラスラと文章を書き進めるために一行目を書いてみる。

実際にやってみると、とてつもなく難しいことがわかります。

でも、その「難しさ」を親が知っていることが大切なのです。一行一行書き進む苦しみを知っている人だからこそ、子どもに「作文を書きなさい」と言えるのではないでしょうか。

小学5年生の時の読書感想文の原稿を私は大切に保管しています。父と神さまが、文章の書き方を教えてくれた指南書ですから。

2 毎日書くクセをつける

尊敬する行政官がいます。

2011年の東日本大震災で、陣頭指揮をとった方です。震災当時、私は彼の仕事を間近で見ていました。決断力、交渉力、行動力もさることながら、深く感銘したのはメモのとり方でした。

電話を受けると、すぐにメモを取り出します。

一番上に日付と時間と相手の名前を書きます。どんな状況でも変わりません。緊急事態でもあわてることなく、きれいな字で書きます。

その後のメモの字も乱れることはありません。清書したようなきれいな文字が、鉛筆からしぼり出されてきます。

姿勢も崩しません。いつも背筋が伸びていて「書く体勢」に乱れがありません。「東大生は、勉強する時の姿勢がいい」という話を聞いたことがありますが、この行政官も例外ではありませんでした。

彼に、東日本大震災が起こった直後のメモを見せてもらいました。周囲がパニック状態の中で、災害対策の司令官である彼が書いたメモ。揺れた中で書いたとは思えないほど乱れがありませんでした。

乱れるどころか、現在把握できている状況、最悪の事態の予測、それを回避する方法が冷静に書かれています。

気まぐれに、決まりごとも作らず、汚い字でメモ書きしている私は、反省することしきり。日々の習慣の違いを目の当たりにしたのでした。

行政官の美しく機能的なメモは、日々の研鑽によって培われたものです。多分、若い頃から怠ることなく、要点を把握し、美しい文字で書く訓練をした結果でしょう。

毎日書くクセをつけること。これに勝る文章作法を私は知りません。テーブルに置く伝言メモ1枚も、わかりやすくきれいに書く。まずは親のあなたに心がけてほしいものです。

子どもには、走り書き、殴り書き、要領の得ない文章は見せない。書く時には背筋を伸ばし、丁寧に書く。この姿を意識的に見せるようにしてください。親の姿は一生子どもの瞼の裏に残るものなのです。

●一行でも日記を書こう

毎日文章を書くクセをつけるには、今も昔も日記が有効です。

私は小学3年生から日記をつけ始めました。

日々起きたことを、ます目の入ったノートに書いて先生の机の上に置きます。帰りに先生から返却されます。

ノートを開くと、いい加減な気持ちで書いた日記に、先生が赤文字で感想を書いてくれていました。

私よりもずっと長い文章を書いてくれる先生の熱意に応えようと、だんだんと書く分量が増えていきました。書く習慣づけに熱心な先生がいてくれたのは、本当にありがたい話です。

「日記」というと、「毎日書かなくてはいけない」という義務感が生じます。一日やめてしまうと挫折感に襲われて、ノートを開くことすら嫌になります。

私が子どもの頃に指定されたノートは、ます目があるだけのものでした。日付がありませんから、一行で終わるのも、3ページ使うのも自由でした。

「今日は、25メートル泳ごうと思ったのに20メートルしか泳げなかった」みたいな一行でもいい。頭に思い浮かべたことを文字に定着させることが大切なのです。

日記をつけ続けると、夜寝る前に「今日はどういう一日だったか」を考えるクセがついてきます。

「今日は『あと5メートル泳げなかった日』だ」と一日を要約する力がついてきます。私がコピーライターという職業に就けたのも、日記を書く時、「今日はこういう日だった」とまとめる力をつけてきたからだと思っています。「思う」から「考える」へ、「考える」から「表現する」へと言葉をしぼりこんでいく。

この繰り返しこそが、遠そうにみえて、文章上達の近道なのです。

若い頃、作詞家の阿久悠氏のご自宅を訪れたことがあります。

机の上には使い慣れたサインペンとメモ用紙がありました。

「このセットが家中にあってね。思いついたら書くようにしているんだ」と阿久さんは笑いました。

大作詞家と言えども、思いついたらすぐに書くことを大切にされている。

以来、私は阿久悠氏のまねをして、家のあちこちにメモとペンを置いています。

かっこいい行政官のまねをして、書く時には日付を入れて、なるべくきれいな字で書くように心がけています。

日々の伝言メモ、買い物リストであっても、丁寧にわかりやすく書くように心がけてください。子どもにまねされてもいいメモを書く努力をしてください。

125　毎日書くクセをつける

3
クラス全員分の作文を読んでいますか

2か月おきに、5〜6人の小学生を集めた作文教室を開いています。

浜離宮のお茶室を借り、車座になって作文を品評し合います。親も子どももと同じように席に着きます。「参観」ではなく生徒の一人として親にも学んでもらうのです。


これだけ読解力、表現力が大切だと言われ、記述式の試験が増えることがわかっているのに、学校では簡単に作文の時間を増やせません。

全員の作文を鑑賞し、品評し合う時間がなく、「良く書けた子の作文」や「賞をもらった子の作文」を発表して終わりになるケースも多いようです。


これは危険です。

児童たちが、「良く書けた作文」を「先生が良いと言った模範解答」に受け止めてしまいます。

保護者の方も、「これが学校の認める作文」だと思いこみ、「○○ちゃんは、作文が上手ねぇ」と感心し、「それに比べてうちの子の作文は……」と、評価してしまうのです。

子どもの作文力を伸ばすのにこれほど不幸なことはありません。

私の教室では、課題作文を事前に書いてきてもらいます。

実を言えば、ここで挫折する子が大半です。知らない子の前で作文を読まれる恥ずかしさに耐えられない子がたくさんいるのです。

私は、それでもがんばって書いてきてくれた子の作文を一週間程度かけて読みます。5、6作品を鞄に入れて、仕事の合間や移動中に何度も読み返します。

一行、一行、丹念に読むと、その子の着想や思考の流れがわかります。一つひとつを比べてみると、必ず他の子より秀でている箇所があります。

ある子は、かぎかっこの会話文が非常にうまい。おばあさんや先生の声色が聞こえてきそうです。

また、ある子は、情景描写が実にいい。シナリオライターの素質十分です。

支離滅裂な文章の子でも、何度も読み返すと気持ちの変化の捉え方に独特なものがあったり、選んだ一つの語句に力強さがみなぎっていたりします。

教室に集まった子どもたちに対し、私は一人ひとりの作文の特長を分析し、「みんなで分かち合うべき良いポイント」を指摘します。

作文をほめられたことのない子は、びっくりします。でも、探せば必ずいい箇所があるのです。

ある時、「お弁当」という題で作文を書いてもらいました。

お弁当のふたを開けた瞬間の楽しさを書いた子がいました。

草食の恐竜と肉食の恐竜が、お弁当を持って遠足にいく物語を書いた子もいました。

運動会が、「お弁当」から「給食」に変わった寂しさを書いた子。お弁当を食べるのではなく、作る楽しさを書いてきた子。お弁当とは「がんばれ！」という意味。感謝をしなくちゃ、おいしかったかどうかが伝わらないと書いてきた子。

どれ一つとして同じものがありません。

そして、どれもが甲乙つけがたく、全員の作文の中に「もっとうまくなるコツ」があることを子どもたちが知りました。

その中で、親も子も全員が大笑いした作文をあげます。読み上げている最中に、お母さんの顔が真っ赤になって、首がうなだれていくのがわかる作文でした。とにかくいろんな作文がある。どの作文にも良いところがある。何より、作文は自由に、楽しく書いていいものだと教えることが大切。

保護者の方には、機会があればクラス全員分の作文を読み、一人ひとりの良いところを探す訓練をしてほしいと思います。いろいろな子どもの作文を読むと、大人も視野がぐっと広がりますよ。

「お弁当」　小学5年生

私の学校は、給食ではなくお弁当です。

私のお弁当は、三種類あります。

一つ目は楽しいお弁当。

作ってくださる日は、私のお誕生日や遠足、1年最後のお弁当の時です。

二つ目は普通のお弁当。

三つ目は悲しいお弁当。

それは、お母さまとけんかをして、お母さまがお弁当を作ってくださらなかった時のお弁当で、自分でおにぎりを作ります。

最悪なのは、悲しいお弁当ではなく、お母さまに必ず入れてほしいとたのんであったおかずが入っていなかった時や、コップやおはしが入っていなかった時です。

これから高校三年生までずっとお弁当なので、お母さまには楽しいお弁当だけを作っていただきたいです。

そして、悲しいお弁当の時、自分でおにぎりをにぎるのは面倒なので、この4月からはお母さまとけんかをしないようにがんばります。

そして、お母さまにも忘れ物をしないようにがんばっていただきたいです。

4 風景を文章でスケッチする

コピーライターになった頃、先輩が私の前に雑誌の切り抜きを置きました。シンプルなしょうゆラーメンの写真でした。

「このラーメンを言葉でスケッチしてごらん」

一瞬、「あ、簡単だ」と思いました。

ラーメンなんてすぐに描写できます。

私はそれだけではつまらないと考えて、このラーメンが出てくるまでの物語をつけました。

「荻窪のラーメン屋で、がんこおやじが屋台を引いてここまで大きくした」などと想像を膨らませて書いたのです。

翌日、先輩に見せるとチラッとこちらを見て、

「おれ、昨日『このラーメンを』と言ったはずだ。この写真のどこで荻窪のラーメン屋だとわかる？　作った人が、がんこおやじだと言える？　それはおまえの想像だろう。おれが言ってるのは、『このラーメン』だ。ここに見える景色を言葉でスケッチしてこい」と強い口調で言われたのです。

さて、困った。

そう言われて眺めてみると、スープの色すら私には表現できません。

「透き通るようなしょうゆ色」「あっさりとコクがほどよくまざったこげ茶色」「麺がからんだ部分が赤茶色に見えてくる」と書くうちに、スープの色を表現する語彙がないことを痛感させられました。

ラーメンのスケッチと格闘すること1週間。書けば書くほど、ラーメンのおいしさから遠のいていきます。

こんな状態の中で、食のおいしさを書いたら右に出る者はいない開高健さんが書いた「越前ガニ」というコラムを読むと、「しゃぶる、なめる、せせる、ほじくる、吐息をつく」と、そのようすが書かれていました。二度とペンをにぎる気力がなくなるほどうまい。

結局、私はしょうゆすらまともに眺めたことのない自分に気づかされたのです。

●文章上達の秘訣は、観察すること

俳人・正岡子規が提唱したものの一つに「写生」があります。

島崎藤村は、この「写生」で、自らの文章を磨こうと、スケッチブックの代わりに原稿用紙をひざに置き、千曲川の風景をスケッチしました。

『千曲川のスケッチ』は、読んでおもしろいものではありませんが、藤村の視点や筆致から「見たものをそのまま文章にする」難しさやおもしろさがにじみ出ています。

日本人が書く、手紙の冒頭の「時候のあいさつ」も、実は写生の心を大切にしたものです。

「今、私は、こんな風景を眺めているよ」という季節を写生する。その一文に、今の心境や相手を思う気持ちをこめたのです。

●子どもは写生の天才

言葉で目の前の景色をスケッチする。

実は大人よりも子どもの方がずっとうまいのです。「手紙の書き方」を夏休みの終わりに、とある塾で教えていました。

「最初に季節のあいさつを書いてみましょう。今朝、この塾に来るまでの間に感じたもの、見たものを思い出して冒頭に書いてごらん」と言うと、作文に興味のなさそうだった男の子が、「道路に、せみの死がいが、いっぱい落ちていました」と書きました。

十分です。これだけで季節は伝わるし、書いた人の着眼点も見えてきます。

秋口の教室で、女の子が、「昨日、お母さんがセーターを出してくれました」と書いてきました。

これも見事です。

その年の秋に、初めて袖を通すセーターの感触が伝わってきそうです。


子どもには写生力があります。

花を見て「燃えてる!」と言ったり、曇り空を見て「今日は、元気がないね」とつぶやいたり、月を眺めて「バナナみたい」と言ったり、彼らは少ない語彙の中で一生懸命、写生しようとします。

子どものこうしたスケッチ力を発見し、最大限にほめてあげてください。

子ども心を持って世の中を観察できることが、うまい文章を書く秘訣なのです。

5

セリフが書けると臨場感が増す

小学4年生から作文教室に通っている男の子がいます。

とても優しい子で、友だちからラブレターを渡す仲介役をたのまれたりしていました。

だれからも愛され、信頼される男の子。その秘密が、彼の書く作文から見てとれました。

「会話文」がうまいのです。

女の子の言葉、おばあちゃんの言葉、友だちの会話などを書き分けられる。

読むと、おばあちゃんはおばあちゃんの声がします。息づかいや言葉の間までが伝わってきます。

普通の小学生は、自分の言葉以外書けません。

お母さんのセリフを書いても、本人のしゃべり方から抜け出せません。

しかし、この男の子は、言い回しばかりか、お母さんの立場や考え方まで書いてくる。相手の身になって考える力があるのです。

彼が友だちから信頼されるのは、相手の立場に立てるからでしょう。

文章は、人の性格を如実に表すものなのです。

●ポジションチェンジの会話法

会話文がうまくなれば作文に臨場感が生まれます。

まるで映画を見ているように描かれた人々が動き出します。

SNSの発達で、コミュニケーションの多くが会話文で進められる今、しゃべるように書く力は、うまい文章の必須条件です。

では、どうやって会話文を書く力をつけるのか。練習方法をご紹介しましょう。

例えば、「朝食の風景」を書くことにします。

食卓を見ると、お父さんの座る席、お母さんの座る席は決まっていませんか。

お母さんはお母さんの席から見える風景で、日頃は子どもやお父さんを眺め、会話していますね。

その席を替えるのです。

お子さんに、「お父さんの席に座って、朝、お父さんがどんな気持ちで朝ごはんを食べているか考えてごらん」と言ってみましょう。

母親のあなたは、子どもの席に座ります。子どもはいつも、あなたが料理をしている背中を見ながら朝の時間を過ごしていることがわかります。

さて、お父さんはこの席で何を考え、どんな発言をしているでしょう。

「お母さん、今日はちょっと遅くなるから。晩ご飯、いらないよ」

子どもがそんないつものお父さんのセリフを思い出します。

子どもの席に座ったあなた。お母さんは、子どもがいつもどんなことをしゃべっているのか、思い出してください。

「あぁ、学校、行きたくない！　太田先生、すぐ怒るんだもん！」

お父さんの席に座ったら、お父さんになりきってセリフを言う。お母さんの席に座ったら、お母さんが何を考えるか想像してみる。

強制的にポジションを変えながら、その人になりきってしゃべってみましょう。完璧なモノマネをするつもりで、お父さんらしいセリフを考えます。

こうして出てきた言葉を原稿用紙に書いてみると、生き生きとした「朝食の風景」になっているはずです。

頭だけで考えていた時よりずっと臨場感のある文章になりましたね。

こうした訓練を、日常の中でやる楽しさを子どもに教えてあげてください。

教壇の前に立つ先生は、どんな気持ちで授業に臨んでいるのか。毎日横断歩道のところに立ってくれている指導員の方は、いつもどんな調子で私たちにあいさつをしているのか。電車の運転士さん、朝礼台に立つ校長先生、仲の良い友だち、飼っている犬、どんどん立場を変えて、その人になりきったセリフを考え、メモしていきましょう。

数週間もやれば、人の立場で考えることができるようになります。自分とは違った息づかい、間のとり方をする会話を書けるようになっているはずです。


「ポジションチェンジの会話法」は、会話文がうまくなるだけでなく、人の視点から事物を眺める力や自分とは正反対の考えを想像する力がつきます。

これは作文力を超えて、コミュニケーションを磨くスキルとしても大変に有益です。

みんなから愛される文章は、決して舌鋒鋭く自分の意見を述べるものではありません。相手の立場や考えまでをも生き生きと原稿用紙に書く度量の広さが大切なのです。
ポジションチェンジ、ぜひやってみてください。

column

コラム

「勉強、勉強」と言わないこと

「勉強」は、勉めて強いること。本来は、気が進まないものを仕方なくすることです。

商人が「少し値引きします」という意味で使う「勉強」の方が歴史は長く、江戸時代から使われています。

勉めて強いる「勉強」という言葉が一般に使われるようになったのは、明治時代から。

西洋諸国の文明に追いつくことに必死だった日本人にとって、知識の習得が急務でした。「勉めて強いる」ことが美徳に感じられたのでしょう。

しかし、学ぶことはそんなに辛いことではありません。昔の日本人は、「すごいなぁ。あんなことやってみたいなぁ」と感激し、それをまねするところから「学ぶ」という言葉を編み出しました。

英語の「ｓｔｕｄｙ」のラテン語のストゥディウム（ｓｔｕｄｉｕｍ）。これは「熱意」や「情熱」を示す言葉です。「一つの心理に向かう情熱」。日本語の「勉

強」とは全く違いますね。

私は、「勉強」という言葉が、子どもの「勉強嫌い」を招いているのではないかと思っています。

親や先生が「勉強しなさい」と言うのは、「気が進まないことだが、仕方なくしなさい」と言っているのと同じなのです。嫌がる子どもの方が普通です。

学ぶことは、もっと楽しいことです。

知らないものを知る。わからないことがわかる。人間だけが味わえる快楽の一種です。

動物は、「パブロフの犬」のように「学習」することはできます。しかし、知識を得てワクワクするような「学び」はできません。学ぶことは、人間にのみ許された特権なのです。

親のあなたは、ここを十分に理解していくべきでしょう。無闇に「勉強しなさい！」と怒鳴るのは、「やりたいくないことでも我慢してやれ！」と叫んでいるのと同じ。

ゲームならいくらでもやる能力と情熱があるのに、「勉強」だと長続きしないのは、この言葉の中にあるネガティブな要素に子どもたちが敏感に反応するからなのではないでしょうか。

勉強は、その子の夢の実現のためにあります。

将来、「医者になりたい」という目標を持った子がいたならば、勉強は、医者になりたいというその子の夢を実現するための情報収集です。

野球で「甲子園に出たい」という目標を持てば、きつい朝練習も、毎日のジョギングも、辛いものではなくなるでしょう。夢を実現するために「足腰が強い方が有利」という情報を収集して実践しているだけのこと。

人から「やりたくないことをやれ」と言われるのと全く違います。

家庭では、安易に「勉強」という言葉を使わないでください。

「勉強しなさい！」と繰り返すのではなく、子どもの勉強の進捗をよく見ましょう。算数が苦手なようでしたら「算数の勉強をしなさい！」ではなく、「計算問題をやってみようか」「文章題がもっと解けるようになると、お医者さんになる夢に近づけるよね」と細やかに話しかけていく。

そのためには、親も先生も、子どもの学習の度合いを細やかに見ていく必要があります。

大変ではありますが、言葉が細やかになることによって、「お母さんは、勉強、勉強ってうるさい！　何もわかってないくせに！」と、子どもに反目されることも減るのではないでしょうか。

何よりも大切なのは、学ぶことは楽しいことだと、口を酸っぱくするくらいに言うことです。

「集中力がない」「暗記できない」「読解力がない」なんていう状況は、「自分ではやりたくないことを仕方なくやっているのに、間違えたらお母さんや先生が怒る」という気持ちが、不安や不平、恐ろしさに変わってしまっているのです。到底、夢に向かっている気がしない。これが本当のところではないでしょうか。

「勉強」という言葉を安易に使わない。

そして、もう一つ。

「がんばれ」も「現状が怠けているのだから、もう少し発奮しなさい」という、極めて上から目線の言葉です。

友だちならば使っていいかもしれないけれど、親や先生が安直に「がんばれ」と言うのは、子どもにプレッシャーを与えるだけではないでしょうか。

親からよく手紙をいただく私は、親が子どもを思い、考え、切々と書いてくる言葉の中に、子どもを強いている言葉が散見され、心が痛む時があります。「勉強って楽しい！」その雰囲気を親のあなたから作ること。使っている言葉を吟味してくださいね。

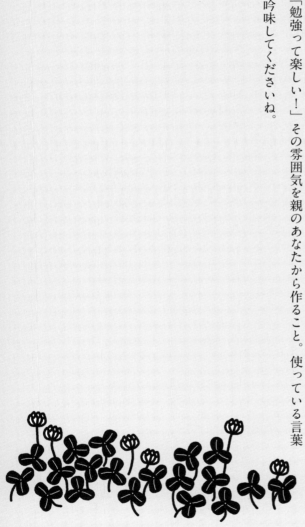

ink

ink

第4章

考えることを考える

1 考える前に夢を見よう

私の高校時代は、マンガ『東大一直線』（小林よしのり・著）の流行とぴたりと重なります。

「共通一次試験」が導入され、答案用紙がマークシート方式に変わりました。国立大学の二期校制度も廃止され、すべての大学の学部が偏差値順に並べられることが本格化したのもこの頃でした。

浪人すると、周囲には「東大一直線」に出てくるような人がたくさんいました。辞書の表紙に「東大絶対合格」と大書している友だちを見て、ため息をつくばかりでした。

首尾よく東大に合格した友人もいます。この友人も晴れて東大生になりました。大学でさぞかし勉強するのだろう……そう思っていたのですが、入学したとたんに彼から勢いが消えました。勉強をしないどころか、目がうつろになっていました。「何をしていいのか全然わからない」とつぶやき、部屋でだらだらしている男に変わっていったのです。

憧れの東京大学で、彼は自分を見失ってしまったのです。

原因はいくつかあるでしょう。

しかし、私の見る限り、「目標」を失ったことが一番大きいように思えました。

彼にとっては「東大合格」が人生最大の目標だったのです。それが達成されてしまった結果、彼は進むべき道しるべを失ってしまったのです。明らかに「目標設定」に誤りがあったのです。

●少年少女よ、大志を抱け！

例えば神社に合格祈願に行った時、絵馬に何と書きますか。

子どもは「〇〇中学、絶対合格！」なんて書いてしまいそうですよね。

でも、それでは「東大一直線」と同じです。目標を失ってしまった友人と同じになってしまいます。

では、何て書くのがいいのでしょう。

そのコツを教えます。


お子さんに、自分のやりたいこと、なりたい姿を思いっきり大きく、現実など度外視して描かせてみてください。

例えば、「世界を相手に走り回る医者として、多くの人々から絶賛される男になる」「国連で、日本をアピールするキーパソンになっている」と、とにかく大きな夢が実現されている最高の状態を考えさせてみてください。

それこそが目標なのです。

世界を舞台に活躍する医者として絶賛される姿。この大きな目標に比べたら、「東大合格」はただの過程にすぎません。この目標が達成されたら、後の人生が「パンツの伸びたゴム」のようになってしまうのは、あまりにもったいないですよね。

北海道大学を開校したクラーク博士は言いました。

「少年よ、大志を抱け」と。

この大志にあたる部分を子どもたちがしっかり思い描けるようになるまで、ご家庭でも学校でも「将来はどんな人になりたい?」「大きくなったらどんなことでワクワクドキドキしたい?」と、そんな質問を絶えず投げかけてほしいのです。

●夢を描いてから、考える

「多くの人の病を治し、世界中の人から絶賛される」という夢を描いたなら、何も東大だけが答えではありません。別の大学でも構わないし、医者ではなくても

「多くの人の病を治す」ことはできます。

その夢が大きければ大きいほど、失敗しても、挫折をしても、多少の脱線があっても、元に戻る力がついてきます。

「東大一直線」なんて目標がいかに小さく、視野の狭い目標かわかっていただけたでしょうか。


私も大きな夢をもっています。「みんなが笑って暮らせる国を作る」というものです。

「みんな」ですから、子どもにも、大学生にも、老人にも、「言葉」を通じて生きる力を強くする方法を教えています。

「笑う」とは、おかしくて笑うのではなく、知恵や知識がついて、生き方にゆとりの出た時の笑顔です。

私は、この理想の姿をリアルに思い浮かべているので、いきなり介護施設で講義をすることになっても動じることはありません。

夢が先にあれば、考える幅が広がって、実現する可能性が格段と違うはずです。

「考える」前に、「夢」を見ましょう。「大志」を抱きましょう。子どもたちが大きな夢をいつでも語れる環境を作ってあげてください。

「考える」には、まず「夢を見る」こと。小さな目標で伸びきったゴムにならないように。夢を語りましょう。大きな目標を掲げましょう。

2
あなたは考えていない 心配しているだけだ

私が、大学浪人をした6月。成績は著しく低下しました。5月の連休に、現役で大学に入った友だちと会ったのが原因でした。

ほんのわずかの間に、大きく水をあけられた気がしたのです。彼が使う「単位」「ゼミ」「一般教養」「コンパ」「レジュメ」「サークル」という言葉の意味を、私は知りません。

昨年同様に英単語を覚え、日本史の年号を暗記している私には、彼がまぶしく見えました。心にメラメラと、嫉妬の炎がゆらめくばかりでした。

その後、彼よりも一つでも上の大学、上の学部に入りたい一心で勉強しました。しかし、結果は惨憺たるもの。成績は下がり、体調を壊し、入院するはめになったのです。

「もうダメだ。二浪決定だ」と重い気持ちで迎えた夏休み。憧れの予備校講師に悩みを相談しに行った時、こう言われたのです。

「君は、勉強時間の大半を将来の不安や友だちへの嫉妬に費やしている。問題を考えること、解くことをせずに、ただ心配している。つまり、君は勉強をしていないのと同じなんだ。勉強する前に、紙に心配や不安を全部書き出してごらん。正直に書いたら、その紙をゴミ箱にポイっと捨てなさい。次に、また白い紙を出して、これからやるべき勉強を紙に書き出す。一つひとつ終わるたびにそれを消していきなさい」

私は素直に従いました。

ルーズリーフに不安を書き出す。嫉妬も自信のない事柄も全部書く。終わったら大げさに音を立て、ゴミ箱に捨てました。

そして、もう1枚紙を出し、これからやるべき勉強をリストアップしていきました。

たったこれだけのことです。

初めはおまじない程度にしか感じられませんでした。

しかし、10月頃になって、「まぐれ」ではと思えるくらいに成績が上がりました。何度かの模試の結果、間違いなくスランプから脱出したことが判明しました。

●「どうしたら」できるかを考えるクセをつける

私の元へ訪れる保護者のみなさんにも同様の傾向が見られます。

子どもの成績や学校での立ち居振る舞い、普段の生活や言葉遣いから友だちづきあいまで、ずっと心配されている人がいます。

ご本人は子どものことを真剣に考えているつもりなのでしょう。

私から見ると、子どもよりもご本人が不安。あれこれ悩み、先行きを案じて、ただただ心配されている。そうした自分の姿に陶酔している人まで見受けられます。

ビジネスで言えば、戦略も立てず、アイデアも考えず、情報収集もしないで、「勝ち目がない」とか、「相手の動きが心配だ」とか、「このままでは負けてしまう」なんて言いながら、無駄に時を過ごしているようなもの。これでは到底勝つことができないですよね。

「心配する」から「考える」に、頭を切り替えましょう。

やり方は簡単です。

「どうしたらできるだろう」

と常に考えること。

「うちの子は、落ちつきがなくて困る」ではなく、「どうしたら、うちの子が落ちつけるようになるだろう」と考える。

「どうしたら」と問いかければ、「こうしたら」という行動が答えとして出てきます。

それをやり続けます。うまくいかなかったら、また「どうしたら」と問いかけて、次の答えを出していくのです。

この「どうしたら発想法」を、子どもにもぜひ教えてください。

「なぜ、けんかしちゃったの?」と原因を探るのではなく、「どうしたら仲直りできるだろう」と問いかける。

子どもはそこで初めて考えて、「私から謝りにいく」と、具体的な方法を考えるようになります。

私の浪人時代でいえば、高校の友人と会った時は、「ぼくは、負け犬だ。みじめだ」と落ちこむばかりでした。

しかし、「不安だ」「負けた」という感情を横に置いて、「どうしたら私は志望校に合格できるだろう」と考えてみたら、その方法が頭に浮かぶようになったのです。

人は何も考えなければ、否定的なことを思いついてしまう動物です。生命維持のためにそうできているのです。

打ち勝つには、「どうしたら」を文章の頭に置いて考えていくことです。続けていけば、攻めの気持ちが自分に湧いて、行動に移したくなってきます。

小さな言葉で、人は変わっていくものなのです。

3 「間違い」を正視する胆力をつける

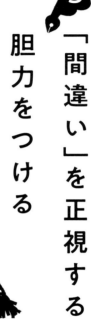

早稲田大学を創った大隈重信さんに、こんな言葉があります。

「諸君は必ず失敗する。ずいぶん失敗する。成功があるかも知れませぬけれども、成功より失敗が多い。失敗に落胆しなさるな。失敗に打ち勝たなければならぬ。たびたび失敗すると、そこで大切な経験を得る。この経験によって、もって成功を期さなければならぬのである」

確かに早稲田大学は「失敗の大学」でした。

校歌にもある「進取の精神」でチャレンジすると、多くの場合は、失敗する。その失敗を許してくれる大学でした。

「失敗したら恥ずかしい」と思ったり、失敗していつまでも落ちこんでいたりすると、大隈さんの「失敗に落胆するな」という声が聞こえてくるような雰囲気が、私の時代の早稲田にはありました。

私が大学で一番学んだのは、専門の法律でも、人間関係の構築でもありません。「失敗を正視する勇気」と「失敗から逃げない胆力」でした。この学びが今の私を支えてくれています。

子どもたちに指導する際、私が最も強調するのは、「失敗」や「間違い」の考え方です。

「失敗」は、恥ずかしいものではありません。責められるものでも、罰せられるものとも違います。

「失敗」は、子どもたちの夢を実現するのに、最も適切で有効な情報資源です。「これができなかった」という情報は、「これさえできるようになれば着実に成績が伸びる」という確証でもあるのです。

受験が山場にさしかかる頃、伸び悩む児童、生徒の多くは、失敗しないようにとそつなくやってきた子たちです。

苦手や間違いそうなところはあまり手をつけず、確実に点のとれるところを落とさないようにして、ある程度点がとれた子。

夏休みを過ぎたあたりから、間違いを正視し、二度と間違わないように努力してきた子どもにサッと抜かれてしまいます。

「失敗」や「間違い」は自分を強くする最強の武器なのです。

●「間違いノート」を作る

間違いを正視する力をつけるには、「間違い」を常に携帯し、眺められるようにすることが一番です。

私がお勧めするのは、「間違いノート」。

国語、算数、理科など、自分がテストなどで間違えたものは問題ごとに書き写しておきます。とても面倒ですし、屈辱的な時間でもあります。

でも、その気持ちを乗り越えて、丁寧に書き写す。そして、時間がある時に眺め、解いていきます。

「間違い」をモノにしていくのです。

「間違いノート」を作る過程で、子どもたちはいろいろなことを発見するでしょう。

問題文を写すことで、「私、ちゃんと問題を読んでなかった」と思う子がいるかもしれません。

今でも解き方がわからないところがあるかもしれません。

それをどうしたら改善できるのか。行動する道筋が見えてきます。

私の友人は、「間違いノート」を作成し、一見遠回りに思える勉強を貫いてきました。

受験の前日、4月からつけていた「間違いノート」をチェックすると一つ残らず解けたそうです。もちろん、第一志望に合格しました。間違いを正視した結果です。

脳は、失敗を成功に変えることで進化していきます。失敗の燃料がなければ、深く考えることも、正しく判断することもできません。子どもたちに考える力をつけるには、失敗や間違いに対する見方を変えなければいけません。

さて、親の役割です。

テストの点数が、上がった下がったと騒ぐのは、ナンセンスです。

親が点数で喜怒哀楽を示せば、子どもはそこに反応してしまいます。

親に怒られる「間違い」をなるべく遠ざけたい気持ちになってしまいます。

点数に反応するのではなく、「間違ったことを復習」するように促してください。できれば間違った問題を一緒に解いてあげてください。

間違えたこと、できなかったことが、できるようになることをほめてください。

少しくらい間違えても、やり直しがきく。一度負けてからが勝負だ！くらいに思えるようになれば、大胆な発想ができるようになります。

深い思考力が身につきます。

家庭環境もまた、早稲田大学のように「失敗の学校」であってほしい。落ちこんでいたら、「落胆しなさんな」と声をかけてください。

4 垣根をはずして考える

数学がついていけなくなったのは、高校2年生でした。1学期はどうにかごまかせたけれど、夏休みを過ぎると、もういけない。5教科7科目を勉強する国立大学受験組と、数学のない私立大学を目指す私とでは、真剣味が違いました。歴史にも選択がありました。「日本史」と「世界史」どちらを選択するか。司馬遼太郎をはじめとする歴史小説を読んでいた私は、「日本史」を選択しました。

晴れて一浪の末、私は大学に進学することができました。

しかし、時折、「私は本当に大学で学ぶにふさわしい学力があったのか」と疑問になります。

基礎学力から理数系と世界史が抜け落ちている。社会人になってから、この欠落で苦労しました。

大学教育も変わりました。

私の時代は、「法学部」に入れば「法学」の勉強。「文学部」に入れば「文学」の勉強と、学部間に壁がありました。

ところが、現在は「自然災害」という大きな課題に対して、医学はこの事態にどう対応できるのか。法学はこの課題に対し何を解決できるのか。文学は、「自然災害」に対して、人々にどんな影響を与えることができるのかと考える機会が増えてきました。

一つの課題に対して、さまざまな見地から考えていく。お互いの「知」が、相乗効果を発揮して、新しい解決策を見つけていく。

こうした「知」の構造を変えようとする動きが出てきています。「社会学部」の学生人気が高くなってきたのも、この流れがあるからでしょう。

新しい学習指導要領もこうした流れを推進しようとしています。

歴史は、「日本史」と「世界史」の区別をなくして、近代史のみを高校生に教えようとしています。

例えば「明治維新」。

これまでは、ペリーの黒船が来航したことにより、諸国で「尊皇攘夷」と「倒幕」の流れができて、力を失った江戸幕府に対して、「薩長土肥」の若者たちが明治維新を起こしたという「権力闘争」に重きを置いた物語で説明されました。

今後は、これに世界各国の動きや経済の動向が入ってきます。「アヘン戦争」をはじめとする列強の動きや、南北戦争が終わって大量に余った銃の流れ。生糸や綿などの輸出入のデータを読みながら、「世界の中の日本」として明治期を子どもたちに考えさせていきます。

「私は、日本史だから『南北戦争』については試験に出ないわ」という考え方ではもうついていけないのです。

●不得意・得意のレッテル貼りをやめる

「ぼくは算数が苦手です」「うちの子は、作文が書けなくて本当に困っています」こうした声をよく聞きます。じっくり聞いていると、たかだか半年くらい前の成績だったり、2度3度書いただけの作文への評価だったりするのです。

もちろん、程度の差はあるでしょうが、問題の多くは、「この子は算数が苦手」とレッテル貼りをしてしまうことです。

親から「算数が苦手」と決めつけられたら子どもは簡単に、「ぼくは、算数が苦手なんだ」と思いこんでしまいます。

親からのレッテル貼りの効果は絶大で、子どもは「どうがんばっても、私は算数ができない」と、簡単に思いこんでしまうのです。

1回のテストの点数、夏休みの課題作文の内容、その程度のことで子どもの才能を見限ってはいけません。

私の作文教室にくる子どもたちも、多くの場合は親に「作文は苦手」と決めつけられた子です。

しかし、教え方や着眼点を変えれば、子どもの作文はいくらでも伸ばすことができます。

小学生の頃から「これは苦手」と決めつけてしまうと、文理融合や知の構造化がますます進む中で、極めて限定的な部分でしか学問に関われない子になってしまいます。

不得意教科のレッテル貼りは極力避けるべきでしょう。

●「やれば、できる」

「レッテル貼り」をしない。

これを考える時、私の母の口癖を思い出します。

「やれば、できる」です。

算数の成績が悪い時も、「お前は、やればできるのにやらないからこんな成績をとるんだ」と叱られました。

「やれば、できる」という言葉が一つついているだけで、先天的にできないのではなく、怠けているからできないのだと思えたことは、ありがたかった。みなさんも、「やれば、できる」という言葉を入れて子どもの試験を眺めてください。叱る言葉のすべてが「励まし」に変わります。

学問の垣根が消える時代。苦手教科を早くに作らないマジックワードではないでしょうか。

5 クイズ番組思考法

大学生の頃、当時絶大な人気を誇ったNHK「クイズ面白ゼミナール」のアルバイトをやっていました。

初めは、作家のみなさんが作ったクイズが本当に正しいかどうかをリサーチしていました。

東京・渋谷のNHK放送センター1階にあった図書室に籠って、「衆議院バッジと参議院バッジでは、参議院の方が大きい」なんていうクイズに対し、三つの文献を資料として提出し、一系統の専門家や識者の意見で裏をとります。

この「三文献一系統」というリサーチをやることで、私は資料を読みこむ力や取材する力をつけていきました。

「教科書クイズ」というコーナーがあったため、小学校の教科書をいつも眺めていました。子どもの頃にはおもしろくなかった理科の実験が、「こんなに楽しかったのか！」と驚いていたのもこの頃です。

クイズの作り方も教えてもらいました。

レポート用紙を横にした紙の上段に、「ベートーベンの『運命』は、半拍あけてジャジャジャジャーンと始まる。ウソかホントか」と書きます。下の段に「ホント。手を振り上げて運命のドアをノックする半拍で始まる」と書き、2枚目に「三文献一系統」の証明をつけて提出するのです。

この時に学んだ「〜とは何か?」「〜は本当か?」という問いから、「それは真実。なぜならこういう理由があるから」となるQ&Aの書き方が、私の文章力の礎になっています。

講義や講演も、Q&Aをふんだんに入れることで、理解を深める工夫をしています。

●少し考える　だから記憶に残る

テレビを見る人が少なくなっている中、クイズ番組の視聴率は堅調だそうです。ただただ流される情報を漫然と見ているのではなく、視聴者も考える部分がある。少し考えて、正解を聞いて、「あぁ、なるほど」と思う。正解だろうが不正解だろうが、少しでも考えた経験は、深い記憶になっていきます。

明治大学で講義を始めた頃のこと。

私に講義時間を提供してくれた戸村佳代教授に、「学生とインタラクティブな時間がある講義の方が、印象に残る」とアドバイスを受けました。

広告会社に勤める私は、大学の講義でも一方的なプレゼンテーションスタイルだったのです。

どんなにいい話でも、１００分の講義を集中して聞くのは無理でしょう。

私は講義のスタイルを変えました。

途中に学生に答えてもらう箇所を作りました。私自身も教壇から降りて、学生の間を歩き回るようにしました。Ｑ＆Ａスタイルの方が、学生にも好評です。

●家族の中にクイズ形式の会話を増やす

家族の会話にも、Ｑ＆Ａのやりとりを増やしてみてはいかがでしょう。ささいなことで構いません。

「今日は、傘を持っていった方がいいかな？」と子どもに尋ねます。

子どもは「天気予報は何て言ってたかな」「空の具合はどんなだっけ」「昨日の天気は何だったかな」と考える。

その結果、「今日は大丈夫だよ。空があんなに明るいし」と答えます。

それが正解か、不正解かは関係ありません。会話の中に、相手に少しだけ考えさせる時間を作る。こんな工夫が、子どもを「考える体質」に変えていくのです。

続けていくと、子どもの方から質問がくるようになります。

「オオクワガタの寿命ってどれくらいだ?」

これは実際に小学生が私に問うてきた質問です。

クワガタの寿命など全く知りません。それでも真剣に考える。安直に「知らない」と答えない。じっくり考えて「1年!」と言ったら、「3年以上も長生きするんだよ」と教えてくれました。

子どもたちは、学んだことをだれかに教えたくて仕方がないのです。教えることが快感になって、また知識を得ようとするのです。


考える力をつけるのは、勉強時間に限った話ではありません。

日常の生活の中で、大きな夢を語り、「どうしたらいいか」と積極的に考え、間違いや失敗を正視し、常識の枠組みを超えた発想をし、常に「Q&A」で問いかけていく。

こうした環境を、親が意識的に作ることが大切です。

思考力は、勉強ではなく、環境が作るものと心得てください。必ず子どもはそれに応えてくれます。

column

コラム

スマホとのつきあい方

格安スマホが普及するにつれ、小学生のスマホ保有率が急速に上がっているそうです。

2018年の内閣府の最新調査結果によると、17年時点で小学生全体でのスマホ所有率は、29・9%に達したそうです。

学校で「プログラミング」を学ぶ時代ですから、この数字は下がることはないでしょう。

小学校高学年~中学1、2年生という人生で最も多感な時期に、スマホによるコミュニケーションが始まる。親は、これをしっかり認識しておかなければいけません。

スマホ購入の一番の理由は、「みんな持っているから」。もちろん、地域や学校によって、かなりの差はあります。

しかし、ある一定の人数が持つようになると、堰を切ったように所有者が増加

する。日本人の横並び意識が色濃く反映されているようです。

スマホを持てば世界は変わります。始終、友だちとSNSで語り合うことができます。知りたい情報は、何でも手に入る。18歳以下の子どもが持つスマホには、「青少年インターネット環境整備法」によって「フィルタリング」をすることが決められています。

しかし、実際に「フィルタリング」をつけている子どものスマホは、全体の49・5％(2018年)。半数近くのスマホが、青少年に不適切な内容でも見放題の状態なのです。

さて、こうした現状の中で、あなたはお子さんにスマホを持たせますか？

この結論は、一筋縄にはいきません。親の考え方によって複数の答えがあるのは当然でしょう。

ある人は「スマホなど今は基礎教養。早く習得してほしい」と言います。

また、ある人は「まだ早い。スマホで年賀状を送るよりも、手書きの年賀状の書き方を覚える時期だ」と。

また、ある人は「いじめの温床になると聞いている」と否定的な意見を述べます。

私自身、「スマホは持たせた方がいいでしょうか」という質問の答えに窮することがしばしばです。

ルールを守る強さを身につけるツール

さまざまな親の意見を聞き、実際にスマホを利用している小中学生たちの話を聞きました。実際にいじめにあった子も、人間関係の煩わしさから利用をやめてしまった子もいました。その中で感じたのは、スマホはコミュニケーションツールであると同時に、「自己責任」を養うための道具だということです。

あるお母さんは、「携帯があると、待ち合わせ場所に時間通りに到着しなくても連絡がつくからいいと子どもが思ってしまいます。それでは時間や約束を守るくせがつきません。遅れそうになったら知恵を使って間に合わせる。こういう責任感を学ばせたい」と語ってくれました。

携帯もスマホも、ゲームも同じです。使えば楽しく、便利で熱中してしまうツールだからこそ、心の強さが求められるのです。いつやるか、何をやるか。何をやらないか。どういうことがあったらやめるか。こうした自分のルールを考えさせる。それを聞きながら、親との約束を明確にしていく。この作業の過程で「自己責任」を知り、子どもは、自分の言動には責任を持たなければならないことを知ります。親は、この契約に忠実に従うようにしてください。「今日は特別にいいわ」と許すことがあってはいけません。自己責任は、ちょっとした油断から崩れるものなのです。

また、子どもとスマホについて話す時に、親への不満も多く聞きました。

「私が真剣に話しても、ママはスマホばかり眺めていて、私の話など聞いていない」

「食事の最中にお母さんがスマホをやるのをやめてほしい」

こんな話がどんどん出てくるのです。「お母さんは私よりスマホの方が好き」。

そう思っている子どもに「スマホなんかまだ早い」という説得力のなさを知るべきではないでしょうか。

スマホに早く慣れることは決して悪いことではありません。しかし、油断をすれば欲望に流されるツールであることを忘れず、自分のルールを決めて使うことが、大人の私たちにも求められています。親がスマホをどのように使っているか。子どもはよく見ています。自己責任の自覚を親の私たちから持ちたいですね。

第5章
表現で自信を養う

1

人前で話すのは苦手であたりまえ

第5章では、自在に表現する力をつけて、自信を養う方法を教えましょう。

小学生からたくさんの手紙が送られてきます。

何年も続けて返事を書いていると、学年によって内容に法則があることに気づきます。

大ざっぱな分け方ではありますが、3年生からの手紙は、「私は2年生の時には、友だちが3人でした。でも、3年生になってからは5人いてうれしいです」といった感じの手紙が届きます。

友だちの中身よりも人数の多さが気になるようです。

ところが、4年生になると一変します。

「去年まで人前で話すのが平気でした。ところが、今は怖くて仕方ないです。先生も私を嫌っているように感じます」という内容が圧倒的に増えてきます。

5年生になると、これに加えて、「ゲームをやめようと思ってもやめられない」といった、理想の自分と現実の自分に悩みが増えます。

6年生は、中学受験期を迎え、「なぜ受験しなくてはいけないのか」と、社会性を帯びた内容に変化します。

もちろん個人差はあるでしょう。

しかし、この傾向は毎年変わりません。子どもの成長過程が手紙から垣間見えるのです。

問題は、4年生です。

急に人前で話すことが怖くなるのです。間違いなく「自我の目覚め」がそこにあります。

自分をもう一人の自分が見ている。

「ほらほら、みんな怖い目でおまえを見ているよ」とささやく声が、心に聞こえるようになっています。

こうなると、友だちが首をかしげただけで、「今の発言、気に入らないのかな」と思い、先生が息を少し深く吐いただけで、「先生が呆れている！　私を嫌っているんだ」と思いこんでしまうのです。

このあたりから、親と自分の距離もはかるようになります。

仲良くしている自分をもう一人の自分が「幼い」とか、「カッコ悪い」とか、ささやき始める。

小学6年生から中学生にかけて、見事なほどに多くの子どもが反抗期を迎え、自分と友だちと親との距離感で悩み続ける思春期へと突入していきます。

大変な時期ではありますが、これは間違いなく成長の一過程です。

自分を眺めるもう一人の自分が現れず、いつまでたっても、陽気で甘えん坊の子どもの方がかわいいし、楽でしょう。

しかし、それでは独り立ちできません。

子育ての使命が「一人で生きていく力を養うこと」とするならば、この試練はむしろ歓迎すべきことでしょう。

さて、こうした時期の子どもたちに、どうやって人前で自分を表現する力をつけていけばいいのでしょう。私自身、非常に悩んでいるところです。

いろいろな本を読むと、

「あなたが心配するほど、人はあなたの話を真剣に聞いていません。明日になれば、あなたの失敗などだれも覚えていないのですから、気楽に話しましょう」

などというアドバイスがあります。

私は、この意見には反対です。

「だれも真剣に聞いていないから」という理由からは、人前で話す勇気は出ません。

子どもたちは、自我の目に苦しみながらも、何とかして人前では話そうとしています。

手に汗をにぎり、声をのどにつまらせながら、何かを言おうとしています。

こういう姿を見るたびに、私は自分が勤める博報堂という広告会社の伝統「賞賛の文化」を思い出します。

どんな人間でも、人前で自分のアイデアを発表するのは恥ずかしいし、勇気がいる。

だからこそ、発表した人に対しては、内容の是非には関係なく、その勇気に惜しみない拍手をしようという文化です。

子どもたちは、ただおじけづいているだけではありません。

この時期に、人に認められたい「承認欲求」もまた急速に成長させているのです。

子どもたちが人前で話すことに自信をつけるためには、この「承認欲求」を満たしてあげることが何よりも大切なのです。

多少失敗しても、聞いた人がその勇気に対して拍手を送る。おざなりに手を叩くのではなく、真剣に細かく、強く拍手する。

こういう環境下に子どもを置いてあげることが大切なのです。

周囲が自分を批判の目で見ていないことがわかれば、もう一人の「自我の目」も、「おまえ、意外にやるじゃん!」と、自分で自分を認めてくれます。

自己肯定感が出てくると、人目が怖くなくなってくるものです。

親のあなたは、子どもたちが賞賛の拍手を浴びる場を用意してあげたいものです。

それは学校に限りません。

私が講義をする「朝日小学生新聞のサマースクール」でも結構です。

家庭の中でも、子どもの発言に拍手をする場があるとすてきです。自我の目覚めるこの時期だからこそ、「承認欲求」に応えてあげることが大切なのです。

2 発言する前に、笑え、とべ！

今では聴衆が何人いても平気で話せる私ですが、10年前は人前でしゃべるのが得意ではありませんでした。

大学で講演をしている際、緊張して過呼吸になったこともあります。頭が真っ白になって言葉を失うこともよくありました。「自我の目」が強く働いて、「おまえの話、みんな、つまらなそうだぞ」という声が頭の中で響いていました。

それを克服するために、三つの工夫をしました。

一つ目は、「自己紹介」です。

慶應義塾大学で講義をした後、担当の先生が塾生に対し、「おもしろい自己紹介をしろ」と命じました。途端に塾生が、「自分がいかに嘘つきか」「高校時代に戻りたい私」「スマホをなくした顚末」など、短くて小気味のいいエピソードに交えて自己紹介をしていきました。

ネタが新しく、おもしろく、それでいて自分をよく表現している。

「自己紹介さえしっかりできるようになれば、その後は、結構元気にしゃべれるものです」と先生が教えてくれたのです。

早速、私もやってみました。

私の名前である「蟇田《ひきた》」の「蟇」の字の由来、甲子園球場の近くで生まれた話、自分にまつわる数字の話、今朝のワイドショーネタから作る自己紹介。このレパートリーが増えていくにつれ、人前に立って、初めて話すのが楽になっていきました。

自己紹介で引きこめれば、聴衆が怖くなくなるのです。

子どもたちが、学校で自己紹介する機会は、そうはないでしょう。

しかし、自分にまつわる話をたくさん考えることによって、「何を話せばいいのかわからない状態」からは脱却してきます。

自己紹介が10パターンできるようになれば、その子は就職の面接を乗り越えるほど話し上手になれるはずです。

二つ目です。

極めてフィジカルな話です。

話す前に、必ずトイレに行くこと。

用を足しておくことも大事ですが、それ以上に大切なのは鏡で自分の顔を見ることです。

鏡の中のあなたはきっと緊張していることでしょう。その鏡の顔をニカッと笑顔に変えてください。

人間は、楽しいことがあるから笑顔になるのではなく、笑顔になるから楽しい気持ちになれるのです。

口角を上げるだけで、気持ちが楽になります。

そして、その場でぴょんぴょんとんでください。かかとの上げ下げでも十分です。

人はバランスを崩すと、それを直すために全身が働きます。

「不安だなぁ」なんて考えるよりも前に、「バランスをとれ！」という命令が下されます。

未来のことを考える余裕がなくなり、今の状態に集中する。これが緊張をほぐす効果があると、「日本しぐさ協会」を主宰されていた故・伊勢田幸永さんに教えていただきました。

発言する前に、笑え、とべ！　大人にも有効な緊張をほぐす方法です。

最後は、実際に人前で話す時の声について。

緊張しているとのどが硬くなり、呼吸が浅くなって、声が出ません。

その状態を突き破るために、教室の後ろの壁に届くように「おはようございます！」「こんにちは！」とあいさつをしてみましょう。周囲の人を見る必要はありません。一番遠くの壁を見て、声をそこまで届かせるようにしてください。

次に、目線を左側に座っている子どもたちに移して「それでは」、首を真ん中に戻して「私の発表を」、徐々に目線を右に移して「始めます」とゆっくり言ってみましょう。

教室を左から右へ眺めながらしゃべる感じです。下を向かない。キョロキョロしない。左から右へゆっくり首を動かしながら、声を出していきます。

この動作で、教室の空気はあなたのものになります。あなたが主導権をにぎって話すことができるようになります。

気をつけたいのは、早口。

中でも語尾が不明瞭だと自信がないように聞こえます。

「私は、ひきたよしあきです」と、自分では言っているつもりなのに、「私は、ひきた、よしゃあきっす」みたいに聞こえる。録音された自分の声を聞くといまだに早口なのにがく然とします。私もまだまだ勉強が足りません。

人前で話すのが苦手な子は、精神面を鍛えることも大切です。

しかし、効率的に、確実に人の前で声を出せる人間になるには、肉体にノウハウを教えこむことも大切なのです。

これを読んだ親のあなたは、一度子どもの前でここに書かれたことをやってみてください。ぴょんぴょんとんで、笑い、目の前の壁に大声を届けてみてください。

3

カンカラコモデケア

具体的な表現方法として、呪文を教えます。

元毎日新聞記者の故・山崎宗次さんが提唱した名文の極意「カンカラコモデケア」です。

初めて知ったのは、私が大学生の頃でした。

呪文を知る前と後では明らかに文章が違いました。以来35年。私なりの解釈を踏まえて書いていきます。

「カン」は「感動」です。

自分が感動したことを書くという意味ですが、ネット社会の今は、書店の店員の感動で本のＰＯＰが作られます。ネット上では、読者の感動がレビューに書かれ、本の売り上げが決まります。自分だけでなく、「周囲の人の感動」も文章や発言に交えると表現に膨らみが出ます。

「いっしょに夕日を見ていたおばあちゃんが、『ずっとここにいたいね』と言いました」と、他の人の感動を入れてみる。そのためには人の言葉をよく聞き、記憶しておく必要がありますね。

「カラ」は「カラフル」です。

この方法は、第3章4で「写生文」として紹介した内容に似ています。色をふんだんに入れて、読み手や聞き手の脳みそにカラー写真が動くように書きます。

色だけではありません。手触りや匂いなど、五感で感じられることも書きましょう。白黒写真よりずっとリアルになります。

「コ」は「今日性《こんにち》」について。

旬な情報を入れましょう。人前で話す時は、今日の気温、今朝の駅のようすなどを交えると共感が得やすくなります。季節の食べ物や今話題になっていること。とにかく「今」にこだわります。

「モ」は「物語性」です。

わかりやすいのは「苦労話」です。どんな苦労をして、それをどうやって乗り切ってきたのか。すべてがうまくいく話よりも、波乱万丈の方が人はよく読み、聞いてくれます。

「デ」は「データ」です。

わかりやすいデータや数字は、話に信ぴょう性をもたらします。「朝日小学生新聞」を読んでいるとさまざまな数字やデータがわかりやすく解説されています。スクラップを作る時、こうしたデータがあるものを好んで切り抜くようにしましょう。

「ケ」は「決意」です。

文章も人前でしゃべることも、「この経験をして、あなたがどう変わったか」が中心にあるのです。この経験を踏まえて、これからこんな風に努力していくつもりでいる。こうした「決意」が文章に入っているとぐっと引きしまります。話す際には、「決意」で終わるようにしてください。力強い印象を与えることができます。

「ア」は「明るさ」です。

暗い文章のままで終われば後味の悪いものになってしまいます。話す時は特に、明るさに気をつけましょう。話の途中で口角を上げる。話し終わったら笑顔になることを欠かさない。こちらの「上機嫌」を教室中に伝えていく覚悟を持って話してください。

もちろんこれを全部入れる必要はありません。文章や人前で話す原稿が書き終わった時、「カンカラコモデケア」の呪文を唱えて、文章をチェックしてみましょう。

子どもの作文を見る時も、人前で話すのを聞く時も、個人的におもしろいか、おもしろくないかで判断してはいけません。主観のモノサシで、良い悪いを判断するのは大変危険です。

「カンカラコモデケア」のモノサシを横に置いて、「これは今日性が入っている」「これは決意があいまいだ」などとチェックをしてください。

表現力は、決して個人的な才能ではありません。コツさえ身につければ、だれでも一定のところまではうまくなれます。まずはそこまで行きつけるように努力してください。

私は「カンカラコモデケア」を使って、40年ほど文章を書いてきました。私の文章に一番影響と効果を与えてくれたノウハウです。

ぜひ、あなたも、何度も「カンカラコモデケア」と呪文を唱えて、文章に魔法をかけてください。

4

一点を見つめると表現力が増す

例えば、遠足の作文を書くとします。

小学校低学年では多くの子が、

「遠足に行って、イルカが見られて楽しかったです」といった文章を書きます。

イルカを見るところまでは書けていますが、「どう楽しかったのか」という部分が書けていません。「楽しかった」「うれしかった」「おいしかった」で簡単に片づけてしまうところを、中学年になるともう少し詳しく書けるようになります。

「遠足に行って、イルカが高くジャンプする姿にびっくりしました」

読む人の頭に情景が浮かびます。

空に舞ったイルカを見て、びっくりして口を開けている子どもの姿が見えるようです。

観察力がついて、一番楽しかったシーンを言葉で再現できるようになるのが小学校の中学年。

大人では到底気づかない場面を観察して、見事な情景描写でうならせる小学生が現れます。

さて、ここからです。

小学校も高学年に近づくにつれて、目が独自のレンズをつけたカメラのようになります。

表現力のある子の作文は、まるで望遠レンズのよう。背景をぼかし、焦点をぐんとしぼりこんできます。

次の文章は、実際に私に手紙を送ってきてくれた小学5年生の文章です。

「遠足に行ってイルカを見ました。高くジャンプしたイルカの目が、まるで私に笑いかけているようでした」

彼女は、「イルカの目」に焦点をしぼっています。実際に笑っているかいないかは問題ではありません。遠足でウキウキした気分の彼女には、跳ね上がった時のイルカの目が、一瞬、笑いかけているように見えたのでしょう。まるでイルカが「いらっしゃい。よく来たね！」と話しかけているようです。

表現力を上げるコツは、焦点をしぼり、一点を見つめることです。

「のどがかわいたので、ペットボトルを開けて水を飲んだ」という文章の焦点をもう少ししぼると、

「のどがかわいた。ペットボトルのふたを開けるのがまどろっこしかった」

「ペットボトルのふた」を見つめていると、ふたを開ける時間すらまどろっこしいほどにのどがかわいている状態が表現できます。

「私は几帳面です。掃除の時は、タイルを一つひとつ磨きます」

「運動会のリレーの時、靴のひもをぎゅっと結びました」

いずれも小学校高学年の子の文章です。

焦点をしぼることによって、性格や感情がよく表現されています。

太宰治の『富嶽百景』に、「富士には月見草がよく似合う」という名文がありま
す。
富士山からぐっと焦点をしぼって、目の前に咲く可憐な月見草を見つめる。そ
の対比によって、富士山のどっしりと、悠々とした感じを実にうまく表していま
すね。
ただ漫然と景色を、モノを見るのではなく、目をカメラと考えて、気になる一
点を探していく。
このコツをのみこめば、子どもの文章は変わります。
的をしぼり、その的に自分の心情をこめられるようになっていきます。
親のあなたから、まずチャレンジしてみてください。すてきな文章が書けるは
ずです。

217　一点を見つめると表現力が増す

5 言葉の数を増やすこと

お正月に初日の出を見ていたら、隣にいた若者が「初日の出、やっべ〜！　やばくないっすか？」と叫んでいました。新年に初めて聞いた言葉が「やっべ〜」だったもので、とても印象に残っています。

たぶんこの若者は、焼き肉を食べても「やっべ〜」、きれいな女性を見ても「やっべ〜」と言うのでしょう。

従来の否定的な意味だけでなく、「かっこいい」「きれい」といった肯定語としても使うようになった「やばい」。すでに20年近い月日が流れました。

今では、いい大人、そう小学生のお母さんたちも何かにつけて「やばい」という言葉を使うようになっています。

私は「やばい」という言葉が下品だと否定しているわけではありません。

問題にしたいのは、何でもかんでも「やばい」で片づけてしまう言語感覚。

「やばい」と言えば通じる仲間たちとだけ暮らしていけるなら問題ないのかもしれません。

しかし、子どもたちは、そんな小さな世界だけでこれから生きていくわけではありません。さまざまな価値観や言語感覚を持った人々の中に入り、言葉で自分を主張し、生きていくのです。

親の語彙の少なさが、子どもの可能性の芽をつむことを私は危惧します。

悲しい自分の感情を「悲しい」「せつない」「やるせない」「心が痛い」「やりきれない」「もの悲しい」というように、言葉を使い分けることができれば、心の細かいひだの部分までを人に伝えることができます。

「ムカムカしている」「イライラしている」「カチンときている」「しゃくにさわる」と怒りの言葉をたくさん知っていれば、怒っている今の自分を細やかに分析できます。

語彙が豊富であることは、単に表現力が身につくだけではありません。自分を客観的に分析することができるのです。同時に相手の心を読むこともできます。

●「指さし語彙」確認をする

語彙を増やす方法として、私がテレビの放送作家から教わった方法を教えましょう。

それは「指さし語彙確認」と言います。

簡単です。

指さしたものの名前を言うだけです。

例えば、公園に行った時、一つひとつの遊具を指でさしながら声に出してみましょう。

「ブランコ」「ジャングルジム」「シーソー」「うんてい」……ときて、アーチ状になった「うんてい」の名前がわからない。家に帰って調べたら「たいこはしご」ということがわかりました。

街を歩いて街路樹を目にします。ここでも「指さし語彙確認」です。「イチョウ」「カエデ」「ケヤキ」「プラタナス」と口にして形を覚えます。その記憶を持ったまま沖縄に旅行すると、街路樹の違いが目に入ります。

「ガジュマルは聞いたことがあるけれど、この木は何だ?」と思って、土地の方に聞いてみると「フクギ」という名の木でした。

コツは、指をさし、声を出すこと。目で見て、頭で思うだけでは名前は覚えられません。必ず口に出し、音として記憶させてください。

モノ以外の名前、抽象的な観念や心の動きなどを示す言葉を学ぶのは、読書以外に私は方法を知りません。

確かに動画コンテンツをはじめこれだけ楽しいツールがたくさんある時代に、本を読むのは決して楽しいことではないでしょう。

しかし、子どもが30代、40代になってくると、読書をしてきた子としない子では、考えていることの深み、語ることの重みが違ってきます。読書で語彙を増やすこと。本の形態が紙から電子書籍に変わったとしても、この方法に変わりはないでしょう。

表現力をつけることは、感情豊かにしゃべったり、言葉を華美に飾ったりすることではありません。

ここまでお話ししてきた通り、大切なのは「自己承認欲求」を満たす機会を数多く作り、自信をつけていくこと。そして語彙を増やすこと。

さらには、「カンカラコモデケア」のようなルールに即して書いてみたり、観察する視点をしぼりこんだり、緩めたりしながら言葉を選ぶ訓練をしてください。

親の言葉が豊かになれば、子どもの心も豊かになります。

子どもは、親の言葉でできているのです。

column

コラム

一番弟子の3年間

小学3年生から私の講義に欠かさず参加しているAちゃん。お母さんの話では、3年生当時は、人見知り、場所見知りの激しい内気な子だったそうです。

人と遊ぶよりも、読書と「朝日小学生新聞」を読むことが好き。そんな彼女が突然、「朝小リポーター」をやりたいと言い出した時は、お母さんも驚かれたようです。

最初は、リポートを書いても書いても掲載されることはありませんでした。半年間、書いてはボツになる日々が続きます。

あきらめかけていた2015年9月4日、念願の初掲載。この記事は、学校でも大変にほめられ、Aちゃんは書くことに自信を持てるようになりました。15年10月17日。この日をAちゃんは「ひきた先生記念日」と名づけてくれています。文章が上手になりたい一心で参加した私の教室。上級生にまじって、大き

なスケッチブックに私の話を書き留めていく姿を昨日のように思い出します。
授業は、「風、空、草花、食べ物や着るものから、季節を体でいっぱい感じて文章にする」という内容。ここで学んだことがきっかけになり、再び朝日小学生新聞に記事が掲載され、彼女はある決意をお母さんに伝えます。

「ひきた先生の講座に全部行きたい」

私は驚きました。Aちゃんは、大人の講座でも場所が地方でも、お母さんと一緒にやってきます。

この本に書いた「カンカラコモデケア」や「オノマトペ」、大人用の「ヘーゲル弁証法」も学び、全部実行。家の壁には模造紙を貼って、アイデアを書きこんだ紙を貼り、ホワイトボードにはアイデアを書き続ける毎日になっていきました。

「ボツを恐れず書き続ける。書くことが好き」

開眼したAちゃんの成績は、まさにゴールドラッシュです。18年9月末現在、朝小での掲載回数は、「リポーター通信」12回、記事やコメントなど10回以上。「よみとき天声人語」には30回以上掲載されました。ボツの回数はその1.5倍はあるそうです。しかし、彼女は全く気にせず、時間があれば何かをノートに書いて投稿します。

17年元旦。「朝小50周年記念　未来を見に行こう！第1弾」のリポーターに選
ばれました。

取材した記事が、朝小と東洋経済に掲載。

作文の賞では、16年に東京都の水道週間作品コンクール作文で優秀賞、17年に
は小山薫堂さんが選ぶ作文コンクールで悲願の最優秀賞。

17年慶應大学院ＳＤＭ（システムデザイン・マネジメント研究科）が、イーロン・マ
スク主催のコンペに参加するロサンゼルスの取材も実現し、特別レポートを投
稿。その後、ＳＤＭ顧問、東京工業大学名誉教授の狼嘉彰教授と共に「朝小報告
会」でプレゼンテーション。

日本語で文章表現する力は、英語文章力にも反映され、実用英語技能検定で
は、小６で準２級（高校レベル）に合格。その時のライティングの試験では、６００
点中５１５点（正答率86％）を達成しました。

Ａちゃんは、はにかみ屋の女の子です。お母さんがこっそり教えてくれたところによれば、「かけっこは、いつもビリ」だそうです。

しかし、「文章が書くことが好きになる」ことで、子どもはここまで成長するのか！と、私の方が驚いています。

正直に言えば、私の「文章作法」は、一般の国語教育から見れば亜流でしょう。

35年間、広告会社のコピーライターやスピーチライターとして働いてきた経験、明治大学をはじめとする大学、企業、行政で教えてきた実績はあるものの、子ども教育はど素人です。

しかし、子どもを子ども扱いせず、大人と同じレベルの話でもわかりやすく説明しさえすれば、絶対についてきてくれる子どもがいるはずだという確信はありました。

広告のキャッチフレーズで、人を引きこむ文章を教えれば、子どもだって大人に負けないパワーライティングができると信じてやってきました。

それだけに、Ａちゃんの成長は私の宝物です。彼女に私が教えられているのです。

言葉で人の心を動かすことに魅了されたAちゃん。彼女は昨年の「敬老の日」に、ご病気のおばあさまの文章を書きました。その文章が認められ、記事になったことをおばあさまが大層お喜びになったそうです。

人は言葉の力で変われます。強くなります。書けば、夢は叶います。

あとがき

この本を書くにあたり、ほぼ1か月近く書けない時期がありました。

「私は、親に向けて書いているのだろうか。子どもに向けて書いているのだろうか」

書いている対象がわからなくなってしまったのです。

親に向けると、少しきつい言葉が並びます。子どもに向けると励ましの言葉が出ます。書いたものを再読するたびに、自分がだれに向けて書けばいいのか見えなくなりました。


夏の暑い盛りでした。編集部の平松利津子さんが私を呼んで、築地市場の近くのレストランで食事をしました。

その席で、私が「朝日小学生新聞」に現在書いている「大勢の中のあなたへ3」のLINE NEWSのアクセス数を教えてもらったのです。ぶっちぎり1位でした。多少の数字の浮き沈みはありましたが、中には信じられないようなアクセスを多くの人がしてくれていたのです。

「ひきたさん。これはね、あなたの書いているものが、子どもだけじゃなくて、多くの大人たちにも刺さっている証拠だと思うの。今までのものだって、子どもに書いたものが大人に刺さった。今度の『親塾』も、大人向けに書いたものが、子どもが読んでも共感するならその方がいい。あんまり親向けとか意識しないで、今、子育てをしている家庭に向けて、みんなのためになる本を書けばいいと思うよ」

この言葉に私はハッとさせられました。

もとより、『赤毛のアン』を翻訳した村岡花子さんのように、親子で安心して読める「良質な家庭文学」を目指して、私は朝小にコラム「大勢の中のあなたへ」を書き始めたのです。

とかく日本では、人の心の闇、本音、悪の部分を吐露する「私小説」的なものを上位に考える土壌があります。

その上、テレビをつければだれかを批判する場面ばかり。ネットを開けばヘイトスピーチの洪水です。

こういう時代だからこそ、親子で学べるもの、読めるものを大切にしたいと考え、平松さんと歩み始めたのでした。親でも子でもない。その両方にとってためになる学びの考えやコツを書けばよかったわけです。

この夏の日が、再びメロスが走りだすきっかけとなりました。しめ切りの夕日は、すでに西に傾いてオレンジ色に輝き始めています。そこから先は、「親子に役に立つこと」「親が読んでも、子どもが読んでも勉強になること」と念じながら、一気に書き上げていきました。

すべて書き上げたのは、出張で訪れていた大阪市内のホテル。窓の外に朝日が昇る時間に、この本は生まれました。

いつものことながら、多くの方に支えられてこの本は世に出ます。

私に示唆に富んだお話で楽しませてくれる朝日学生新聞社社長の脇阪嘉明さん。「ここぞ！」というタイミングで、私を励まし、先導してくれる朝日小学生新聞担当編集者の平松利津子さん。

私の文章にやわらかな魔法をかけてくれたイラストレーターのどいまきさん。

初めてのお仕事、非常に勉強になりました。ありがとうございました。

博報堂執行役員の立谷光太郎さん。焼き肉奉行の彼は、黙々と焼き肉を焼いてくれました。いつも食べてばかりでごめんなさい。

今回も、執筆と運気に関する貴重なお話をしてくれたDr.《ドクター》コパこと小林祥晃さん。コパさんが主催をする「三宅塾」が、この本を書く際に大いに役立ちました。

また、全国で多くの方が私を応援してくれました。「それいゆ」で寺子屋作文塾を主催してくれる石川正子さん、「白金台学習教室」の藤田寛子さん、「京都白熱教室」の太田伊保さん、「名古屋白熱教室」の小笠原史恵さん。ご自宅で「親塾」を開催する齋藤早苗さん、目白大学教授で、立教大学でもホスピタリティマネジメントを研究している吉原敬典さんとハワイ大学名誉教授の吉川宗男さん。

さらには、大隈重信の故郷・佐賀県で、早稲田大学にまつわる講演をしかけてくれた古賀美由紀さんと仲間のみなさん。

この他にも、多くの方が私をさまざまな教育機関に招いてくださいました。

ありがとうございました。

井の頭公園に近い老人施設に入った母に、私は新刊が出るたびに本を届けにいきます。「もう1冊持ってきて」というのは、仲良くしている施設の方が私の本の

ファンだからとか。それを手渡す時のうれしそうな母の顔が、苦しい時の私をいつも支えてくれました。

「親塾」は続きます。

いつかあなたと教室でお会いできる日を楽しみにしています。

２０１８年冬　　ひきたよしあき

ひきたよしあき

1960年兵庫県西宮市生まれ。早稲田大学法学部卒業。博報堂スピーチライター。博報財団コミュニケーションコンサルタント。学生時代から第8次「早稲田文学」学生編集委員、NHK「クイズ面白ゼミナール」のクイズ制作などで活躍。84年（株）博報堂入社。クリエイティブディレクターとして数々のCM作品を手がける。また、明治大学はじめ多くの大学で講師を務める。朝日小学生新聞で、コラム「大勢の中のあなたへ3」を連載。著書に『大勢の中のあなたへ』『大勢の中のあなたへ2』『机の前に貼る一行』（朝日学生新聞社）、『博報堂スピーチライターが教える短くても伝わる文章のコツ』（かんき出版）など多数。

ひきたよしあきの親塾《おやじゅく》
家庭《かてい》で育《そだ》てる国語《こくご》の力《ちから》

2018年11月30日　初版第1刷発行

著者　ひきたよしあき
絵　どいまき

発行者　植田幸司
編集　平松利津子
DTP　村上史恵
発行所　朝日学生新聞社
〒104・8433
東京都中央区築地5-3-2　朝日新聞社新館9階
電話　03・3545・5436（出版部）
http://www.asagaku.jp（朝日学生新聞社の出版案内など）
印刷所　株式会社ムレコミュニケーションズ

ISBN 978-4-909064-57-8

ひきたよしあき